ASSASSINATO DE MULHERES E DIREITOS HUMANOS

Obras co-editadas pelo Programa de Pós-Graduação em Sociologia da USP

Antônio Flávio Pierucci e Reginaldo Prandi, *A realidade social das religiões no Brasil: religião, sociedade e política* (Hucitec, 1996)

Brasilio Sallum Jr., *Labirintos: dos generais à Nova República* (Hucitec, 1996)

Reginaldo Prandi, *Herdeiras do axé: sociologia das religiões afro-brasileiras* (Hucitec, 1997)

Irene Cardoso e Paulo Silveira (orgs.), *Utopia e mal-estar na cultura: perspectivas psicanalíticas* (Hucitec, 1997)

Antonio Sérgio Alfredo Guimarães, *Um sonho de classe: trabalhadores e formação de classe na Bahia dos anos 80* (Hucitec, 1998)

Mário A. Eufrasio, *Estrutura urbana e ecologia humana: a escola sociológica de Chicago (1915-1940)* (Editora 34, 1999)

Antônio Flávio Pierucci, *Ciladas da diferença* (Editora 34, 1999; 3ª ed., 2008)

Leopoldo Waizbort, *As aventuras de Georg Simmel* (Editora 34, 2000; 2ª ed., 2006)

Irene Cardoso, *Para uma crítica do presente* (Editora 34, 2001)

Vera da Silva Telles, *Pobreza e cidadania* (Editora 34, 2001)

Paulo Menezes, *À meia-luz: cinema e sexualidade nos anos 70* (Editora 34, 2001)

Sylvia Gemignani Garcia, *Destino ímpar: sobre a formação de Florestan Fernandes* (Editora 34, 2002)

Antônio Flávio Pierucci, *O desencantamento do mundo: todos os passos do conceito em Max Weber* (Editora 34, 2003; 2ª ed., 2005)

Leonardo Mello e Silva, *Trabalho em grupo e sociabilidade privada* (Editora 34, 2004)

Nadya Araujo Guimarães, *Caminhos cruzados: estratégias de empresas e trajetórias de trabalhadores* (Editora 34, 2004)

Vera da Silva Telles e Robert Cabanes (orgs.), *Nas tramas da cidade: trajetórias urbanas e seus territórios* (Humanitas, 2006)

Glauco Arbix, *Inovar ou inovar: a indústria brasileira entre o passado e o futuro* (Papagaio, 2007)

Idenilza M. Miranda, *O vôo da Embraer: a competitividade brasileira na indústria de alta tecnologia* (Papagaio, 2007)

Eva Alterman Blay, *Assassinato de mulheres e Direitos Humanos* (Editora 34, 2008)

Apoio: CAPES - Coordenação de Aperfeiçoamento de Pessoal de Nível Superior

Eva Alterman Blay

ASSASSINATO DE MULHERES E DIREITOS HUMANOS

Programa de Pós-Graduação em Sociologia
Universidade de São Paulo

editora 34

Editora 34 Ltda.
Rua Hungria, 592 Jardim Europa CEP 01455-000
São Paulo - SP Brasil Tel/Fax (11) 3816-6777 www.editora34.com.br

Programa de Pós-Graduação em Sociologia
Departamento de Sociologia da Faculdade de Filosofia, Letras
e Ciências Humanas da Universidade de São Paulo
Av. Prof. Luciano Gualberto, 315 Cidade Universitária
CEP 05508-010 São Paulo - SP Brasil
Tel. (11) 3091-3724 Fax (11) 3091-4505 www.fflch.usp.br/sociologia

Copyright © Editora 34 Ltda., 2008
Assassinato de mulheres e Direitos Humanos © Eva Alterman Blay, 2008

A FOTOCÓPIA DE QUALQUER FOLHA DESTE LIVRO É ILEGAL E CONFIGURA UMA
APROPRIAÇÃO INDEVIDA DOS DIREITOS INTELECTUAIS E PATRIMONIAIS DO AUTOR.

Imagem da capa:
A partir de pintura de Mark Rothko, Nº 10, *1952*

Capa, projeto gráfico e editoração eletrônica:
Bracher & Malta Produção Gráfica

Revisão:
Beatriz de Freitas Moreira

1ª Edição - 2008

CIP - Brasil. Catalogação-na-Fonte
(Sindicato Nacional dos Editores de Livros, RJ, Brasil)

Blay, Eva Alterman
B543a   Assassinato de mulheres e Direitos Humanos /
Eva Alterman Blay. — São Paulo: USP, Curso
de Pós-Graduação em Sociologia: Ed. 34, 2008.
248 p.

ISBN 978-85-7326-394-7

Inclui bibliografia.

1. Sociologia das relações de gênero. 2. Ciências
sociais - Brasil. I. Universidade de São Paulo. Programa
de Pós-Graduação em Sociologia. II. Título.

CDD - 305.4

ASSASSINATO DE MULHERES
E DIREITOS HUMANOS

Prefácio, *Lourdes Bandeira* 7

Agradecimentos 17

Por que esta pesquisa? 21

Introdução 23

1. O silêncio dos dados 25
    1. Como obter dados sobre os crimes contra as mulheres 26
    2. Fontes documentais 27

2. Rádio, televisão, internet e o ensino do Direito 33
    1. "Cabocla Teresa" 33
    2. Os crimes da mala na internet 37
    3. "Assassinatos de mulheres: uma epidemia" 38
    4. Ensinando a defender os que matam "por amor" 39
    5. "A vítima era a autora da própria morte" 43
    6. "Quem ama não mata": o movimento feminista
       versus jornalistas e advogados conservadores 45

3. Os jornais na passagem para o século XXI 51
    1. As assassinadas no noticiário 51
    2. Classe social e violência fatal 67
    3. Quando a mulher mata 72
    4. Por que mulheres e meninas são assassinadas 81
    5. Perfil de vítimas e agressores 87
    6. Violência doméstica 94
    7. Vertentes ideológicas do noticiário 96

4. A Polícia e o assassinato de mulheres 99
    1. O assassinato de mulheres nos Boletins de Ocorrência 99
    2. São os homens os que mais agridem 102
    3. Cor e crime: as vítimas são predominantemente brancas 103
    4. A maioria das vítimas era alfabetizada
       e trabalhava remuneradamente 104
    5. Agressores e vítimas são, na maioria, jovens 105
    6. "Companheiros" matam mais que os maridos 106
    7. Mata-se principalmente com armas de fogo 108

5. Réus e vítimas na Justiça 111
   1. Os processos criminais 112
   2. Quem são os réus? 114
   3. Quem são as vítimas? 118
   4. Relacionamento entre vítimas e agressores 124
   5. Os filhos das vítimas 126
   6. As vítimas estavam grávidas? 127
   7. Quando começam as agressões? 129

6. A Justiça e o Tribunal do Júri 131
   1. Representação da Justiça:
      morosidade e desconhecimento 131
   2. Como estão os processos: arquivados,
      suspensos, impronunciados, encerrados? 132
   3. O Júri 137
   4. Réus condenados 140
   5. A Justiça é branda 194

7. Conclusões 213

Anexos
   1. Plano amostral dos processos 225
   2. Severina e a Lei 9.099 228
   3. Lei Maria da Penha (Lei 11.340/06) 232

Índice de tabelas 233

Bibliografia 237

PREFÁCIO

Lourdes Bandeira[1]

É uma honra escrever o prefácio deste livro — *Assassinato de mulheres e Direitos Humanos* —, pois ele representa, de fato, uma contribuição significativa à reflexão em torno dos estudos e pesquisas sobre a violência contra a mulher, a partir da perspectiva das relações de gênero.

Nunca se falou tanto sobre o assassinato de mulheres, nunca houve tanto empenho em torná-los visíveis e tipificá-los. E, no entanto, parece haver um abrandamento em nossas instituições jurídicas, seja porque essas estão poluídas por um proceder ainda sexista, seja pela demora em proceder aos julgamentos, seja pela impunidade deles decorrente.

A autora analisa uma problemática reiterativa, embora ainda polêmica na inscrição da produção bibliográfica, uma vez que o tratamento na literatura em geral sobre o assassinato de mulheres considera a mulher como uma categoria genérica, apenas identificada por alguns traços ou características sociodemográficas. São desprezados outros elementos relacionais, situacionais e motivacionais que acabam por engendrar o assassinato. Esse "entendimento" é extensivo ao processo criminal, onde não há tempo, não há logística, não há interesse em qualificar melhor a dimensão interacional entre o agressor e a vítima, relação essa, certamente, motivadora do assassinato, como recentemente afir-

---

[1] Professora Titular do Departamento de Sociologia da Universidade de Brasília — UnB.

mava-me uma agente policial: "Professora, depois que ela já foi morta, o que importa? Esse tipo de morte já está demais pra investigar aqui na polícia".

A autora, ao longo dos anos, como intelectual e feminista comprometida com uma congruência teórica dedicada ao estudo sobre as mulheres, realizou essa pesquisa que fornece elementos instigantes que nos oferecem uma oportunidade ímpar para refletirmos sobre esse fenômeno social — os *assassinatos de mulheres*, tratados como *homicídios*.[2] Estes demarcam o poder persistente da obliqüidade patriarcal, causadora de tantos sofrimentos brutais e de danos irreparáveis às famílias e à sociedade.

Em sua extensão, o texto alimenta reflexões em torno da temática das relações sociais de gênero violentas em sua amplitude e em suas conseqüências.

A autora parte do questionamento sobre a insistente constatação: por que os crimes de assassinato contra as mulheres continuam tão fortemente resistentes e disseminados em nossa sociedade? Apesar de tantos avanços no domínio dos Direitos Humanos das mulheres, de uma vida com menores restrições e privações, a realidade evidencia uma expressiva quantidade de casos cotidianos de assassinatos de mulheres que entram em conflito permanente com os avanços já conquistados.

Vale destacar que práticas e pensamentos masculinos, em número significativo, ainda se mostram refratários à aceitação e efetivação de novas relações sociais entre homens e mulheres, a despeito de tantos investimentos e esforços contrários já implementados, seja no âmbito de políticas públicas, com a criação das Delegacias Especiais de Atendimento à Mulher (DEAM) em

---

[2] Rita Laura Segato propõe uma discussão sobre a categoria de *feminicídio*, para analisar os assassinatos de mulheres. In: *Qué es un feminicidio: notas para un debate emergente*, Série Antropológica, n° 40, Brasília, Departamento de Antropologia da UnB, 2006.

1985, seja dos novos ordenamentos jurídicos, como a efetivação da Lei 11.340 (Lei Maria da Penha), assinada em 7 de agosto de 2006 pelo presidente da República.

A investigação realizada evidencia que nos últimos vinte anos assistiu-se a uma avalanche acelerada de práticas de assassinato de mulheres. E muitos deles se tornam, no cotidiano nacional, episódios banais, perdendo, portanto, boa parte de sua importância como fato/fenômeno da vida pública e política, ao serem relegados, os protagonistas da violência, independentemente de suas origens e características, a situações de barbárie ou de absurdidade. E, ademais, desconsiderando que os assassinatos de mulheres têm em sua origem uma relação direta entre poder e masculinidade. E essa se constitui na matriz relacional hegemônica das *relações sociais de gênero*.

Assim, são as diferenças culturais e históricas criadas e prescritas para os homens e mulheres que mascaram e disfarçam o uso de práticas violentas, misóginas e de muitas expressões de ódio e de repulsa contra as mulheres, legitimando-as como sendo um direito masculino e, ao mesmo tempo, honrando os homens em sua virilidade. Em outras palavras, como evidenciado pelos dados da pesquisa, um delito ou um crime se transforma em uma "virtude". Ou como coloca a autora: "a vítima era a autora da própria morte".

Tais crimes transbordam as fronteiras do chamado "espaço doméstico", e é exatamente essa outra abrangência que a pesquisa realizada por Eva Blay abarcou. Ou seja, "investigar os *vários* tipos de tentativa e consumação de homicídios", isto é, de casos de mortes fatais, que ocorreram entre os anos de 1991 e 2000, inclusive contemplando alguns dos crimes acontecidos no exterior — crimes passionais, crimes misóginos, infanticídios, crimes virtuais, entre outros.

A investigação também envolveu diversos cenários empíricos, fontes institucionais localizadas — da mídia, da segurança pública e do judiciário, assim como mulheres e homens situados a partir de indicadores socioculturais específicos. Ainda que em

"O silêncio dos dados" fiquem evidenciadas as dificuldades de acesso às fontes para tratar desse fenômeno: a diversidade, a dispersão e a falta de sistematização dos mesmos não inibiu o trabalho da pesquisadora. Enfrentar a escassez de informações estatísticas sistemáticas e confiáveis que possam retratar esse fenômeno social em toda a sua complexidade é um dos desafios indicados pela autora.

Em breve recorrido pelo cancioneiro popular, Blay destaca a predominância de um contaminado *continuum* imaginário de terror antifeminino, onde aparecem todas as formas de abusos verbais e imaginários, os quais desqualificam, humilham e denigrem as mulheres. Através do cancioneiro, são expressas ou anunciadas violações, posses e controles em relação às mulheres e seu corpo.

O mesmo ocorre com as notícias presentes na mídia e na internet. A pesquisa evidenciou a persistente força do patriarcado como uma instituição que ainda ancora e sustenta o controle sobre a posse do corpo feminino, expresso na capacidade punitiva, sempre renovada, contra as mulheres. Os casos e situações relatadas no texto são exemplares: "matei por amor"; "matou em legítima defesa da honra"; "matou sob forte emoção". Esses são os argumentos ainda usados por assassinos e por seus advogados/defensores em benefício de seus defendidos/assassinos. Sentimento de posse e de controle que ainda predomina nos discursos dos agressores: "ela queria sair de casa"; "ela era a minha mulher". Complementam esse cenário as falas de indignação de "personalidades masculinas e públicas" repudiando as manifestações feministas públicas, em favor das vítimas, e se agregando ao dar pleno apoio à "irmandade masculina".

Vale destacar que os muitos exemplos trazidos pela autora evidenciam o quanto ainda os chamados "crimes em legítima defesa da honra" respondem pela expressão do ódio à mulher, seja pela perda de poder e de controle sobre o corpo feminino, seja pelo uso que a mulher possa fazer de seu corpo desafiando os papéis, desempenhos e normas sociais que lhe foram prescritos, seja nas relações de conjugalidade, seja na condição de pessoa ou de indivíduo.

O livro contém uma riqueza de narrativas provenientes de fontes institucionais diversas e da mídia, as quais, além de relatar as situações de homicídios femininos, destacam também alguns casos de "quando a mulher mata" (infanticídios e homicídios).

Porém, são os casos relativos ao assassinato de mulheres que suscitam mais indagações: o que há de comum entre os homens que protagonizam os atos de violência contra as mulheres? Por que os comportamentos violentos dominantes são majoritariamente atribuídos aos homens? Quando se afirma que a violência se constitui em um meio de controle sobre as mulheres pelos homens, cujo corolário é a manutenção de seu poder, está se falando da natureza ou das conseqüências das relações sociais de gênero? De que forma os homens vêm sendo "produzidos" como seres dominantes? Por que razão são levados a contribuir, cada um por sua conta e em nome do coletivo masculino, a exercer o controle sobre as mulheres? E para tanto, por que fazem uso da violência física e simbólica? A obra de Eva Blay suscita todas essas questões, embora, infelizmente, as respostas para tal flagelo social ainda sejam escassas.

São muitas as equações causais, tanto do ponto de vista material como simbólico, indicadas pela autora através de notícias e de relatos, que desencadeiam os assassinatos de mulheres, além das razões privadas, isto é, dos componentes circunstanciais e situacionais da motivação masculina, como o ciúme, a separação e a vingança. Todas são enfatizadas a partir dos relatos, como outros componentes da equação: a resolução de conflitos interpessoais, com uso da violência fatal, os quais transcendem os espaços privados e que ocorrem mesmo na condição de intragênero, em espaços públicos e laborais; causas públicas, externas e urbanas, como os assaltos, as balas perdidas e o tráfico da drogas; causas comportamentais, como o alcoolismo, a gravidez e as práticas religiosas; causas patrimoniais associadas à violência sexual, sobretudo o estupro.

Prefácio

Agregou a autora a esse conjunto de equações um outro elemento causal, que é o exercício do controle sobre o corpo das mulheres, antigo recurso exercido sob estratégias violentas, vinculado a uma prescrição de masculinidade associada, por sua vez, a um ideal de dominação e de poder, de resistência e de honra. Tal emaranhado de fatores e motivações de longe ultrapassa as causas socioestruturais para explicar os assassinatos de mulheres.

No que toca à espetacularização de assassinatos contra as mulheres, sobretudo quando envolvem pessoas de projeção ou de status social, evidencia-se o comportamento diferenciado da mídia. Dimensão bem destacada no texto são os tratamentos desiguais oferecidos pela mídia, seja pela condição socioeconômica das partes, seja quando é a mulher quem mata. Os destaques dos noticiários midiáticos são quantitativamente diferentes, a depender de quem são os personagens da tragédia, revela o estudo.

Outro destaque cabe ser dado à análise relativa ao tratamento dos registros policiais, onde duas lógicas se confrontam: de um lado, a lógica policial, que conduz irremediavelmente à elucidação do crime; de outro, a expectativa, quase sempre ausente, de conhecer mais detalhadamente as características relacionais e situacionais das partes envolvidas, as quais, em geral, não permanecem obscuras do ponto de vista policial, do delito ou do crime, mas obscuras e nas sombras para um ponto de vista sociológico do acontecido.

Fica evidente que a autora não pretendeu fazer a exaltação das mulheres assassinadas em sua condição de vítimas, no sentido de reduzi-las a meras variáveis e perfis sociodemográficos. Trata-se de uma tentativa de desvendar sofisticados mecanismos socioculturais, econômicos, relacionais e simbólicos já institucionalizados em vários espaços subjetivos e institucionais da sociedade brasileira, os quais negam a possibilidade de poderes simétricos de gênero ao afirmar o masculino-violento sobre o corpo feminino.

Por fim, como acentua Eva Blay, não se deve menosprezar, nesse processo, uma leitura crítica sobre o papel desempenhado tradicionalmente pela educação dos meninos nos lugares monossexuados e que se querem exclusivos, como nos pátios de escola, clubes esportivos, saunas, bares etc., pois tal "exclusividade" de presença certamente causará o estímulo a representações segregadoras e assimétricas em relação às meninas, comprometendo os relacionamentos futuros.

Por fim, o foco de estudo da autora se situa em um ponto de confrontação extrema com os Direitos Humanos: o assassinato de mulheres discrimina e radicaliza ao não reconhecer a mulher como sujeito de direitos inerentes à sua dignidade, como "o direito à vida, à liberdade e à segurança pessoal", conforme enuncia o artigo 3º da Declaração Universal de 1948. Anunciando um horizonte comum a todos os povos, a Declaração dos Direitos Humanos estabelece a igualdade de todas as pessoas em dignidade e direitos, acenando com o "direito a ter direitos" para homens e mulheres.

Resta, portanto, relembrar a esperança de que as abordagens inovadoras trazidas desde 1988 pela Constituição Brasileira — que buscou, legal e politicamente, considerar a eqüidade de gênero, étnico-racial e social — propiciem a efetividade dos Direitos Humanos e da cidadania às mulheres, uma vez que é de todo sabido e reconhecido que a violência contra a mulher é um fenômeno que afeta todas as esferas da vida feminina: família, escola, trabalho, saúde, comunidade e estado.

O livro tem outros méritos, mas deixo-os aos leitores e leitoras descobrirem, pois se trata de uma obra relevante, dramática e urgente para as Ciências Sociais.

Prefácio

ASSASSINATO DE MULHERES E DIREITOS HUMANOS

AGRADECIMENTOS

Como agradecer?

Fazer uma pesquisa é sempre um processo de aprendizado. Aprendemos a entender um pouco mais a sociedade. Entramos na vida das pessoas, mesmo das que já se foram. Aprendemos com colegas de outras disciplinas. Com as alunas e os alunos trocamos olhares: os ensinamos a ver e eles se tornam mais do que nossos olhos, pois vêem com a própria sensibilidade.

A longa realização desta pesquisa teve várias colaborações sem as quais ela não teria sido feita. Relato os vários passos percorridos, os quais foram facilitados pela enorme dedicação e apoio que recebi.

O acesso aos processos criminais foi facilitado pela imprescindível e total colaboração do Presidente do Egrégio Tribunal de Justiça do Estado de São Paulo, Desembargador Dr. Nigro Conceição. Demonstrando o maior interesse pela pesquisa, o Desembargador encaminhou imediatamente uma carta aos Juízes dos Tribunais do Júri para que tivéssemos total acesso aos processos criminais. Fomos acolhidos com a maior facilidade pelos seguintes Juízes:

1º Tribunal do Júri
Complexo Judiciário Ministro Mário Guimarães
Av. Dr. Abrahão Ribeiro, 313   CEP 01133-020
Barra Funda   São Paulo - SP   Tel. (11) 3660-9256
Juiz Presidente: Dr. Claudio Emanuel Graciotto

2º Tribunal do Júri
Fórum Regional Jabaquara/Saúde
Rua Joel Jorge de Melo, 424   CEP 04128-080
São Paulo - SP   Tel. (11) 5574-0355
Juíza Presidente: Dra. Maria Cristina Cotrose

3º Tribunal do Júri
Fórum Regional Santo Amaro/Ibirapuera
Av. Adolfo Pinheiro, 1.992   CEP 04734-003
São Paulo - SP   Tel. (11) 5548-9168
Juiz Presidente: Dr. Luiz Tolosa Neto

4º Tribunal do Júri
Fórum Regional Penha de França
Rua Dr. João Ribeiro, 433   CEP 03634-010
São Paulo - SP   Tel. (11) 293-0068
Juiz Presidente: Dr. Camilo Lellis dos Santos Almeida

5º Tribunal do Júri
Fórum Regional Pinheiros
Rua Filinto de Almeida, 69   CEP 05439-030
São Paulo - SP   Tel. (11) 3815-4230
Juiz Presidente: Dr. João Carlos Sá Moreira de Oliveira

Eles nos facilitaram, através dos funcionários, a localização dos processos previamente sorteados pelas bolsistas Denise Banci dos Santos e Fernanda Fernandes de Oliveira. Ambas obtiveram uma bolsa de Iniciação Científica ao serem aprovadas numa seleção realizada pela OAB-Mulher, seção de São Paulo. A seleção e orientação das bolsistas nesta etapa do trabalho foi feita graciosamente pela socióloga e advogada Dra. Adriana Carbonell Gragnani, que muito contribuiu ao solucionar inúmeras dúvidas que foram surgindo ao longo da investigação.

Para a elaboração do plano amostral contamos com a excelente colaboração da estatística Maria Paula Ferreira.

A leitura dos processos foi feita por mim, pelos bolsistas Cristiano Mercado (Iniciação Científica, CNPq), Rodrigo César Moura (Bolsa Trabalho, USP) e pela Dra. Elisabeth Massuno, que colaborou voluntariamente neste trabalho e muito ajudou orientando-nos na apreensão dos aspectos jurídicos.

Na seleção manual dos Boletins de Ocorrência, na Secretaria de Segurança Pública, tivemos a feliz coincidência de encontrar uma equipe do Núcleo de Estudos da Violência da USP, coordenada por Renato Antonio Alves, que lá também fazia uma pesquisa; assim nossas pequenas equipes se somaram, nos ajudando mutuamente. Meu agradecimento a todos eles pela amigável colaboração.

Marcela Maria Gomes Giorgi, minha orientando em nível de Mestrado na área de Direitos Humanos na Faculdade de Direito da USP, muito me ajudou na revisão técnica do texto. Ana Luisa Campanha Nakamoto, bolsista de Iniciação Científica do CNPq e aluna do curso de Ciências Sociais da Faculdade de Filosofia, Letras e Ciências Humanas da USP, dedicou muitos dias revendo meu texto. Wânia Pasinato Izumino fez estimulante observações ao texto, a quem muito agradeço.

Finalmente quero destacar e agradecer ao CNPq, que me destinou uma bolsa de Produtividade AI, além das bolsas de Iniciação Científica citadas, demonstrando a relevância desta instituição no apoio à investigação e ao processo do conhecimento.

Eva Alterman Blay
São Paulo, março de 2007

POR QUE ESTA PESQUISA?

Luciene foi estrangulada por Geovane.[1] Ela tinha 32 anos e ele, 20. Ambos eram negros, ela empregada doméstica, ele ajudante de feira e também serralheiro. Viveram juntos quatro anos, se separaram. Numa terça-feira resolveram ir a um motel. Geovane saiu do motel de madrugada dizendo que ia trabalhar e que Luciene ficaria até mais tarde dormindo. Ela foi encontrada morta pelas arrumadeiras. Estava de bruços, sob um cobertor. Três dias depois Geovane foi levado à Delegacia. Seu pai afirmou que o filho usava drogas desde os 14 anos e já estivera na FEBEM. O relato das irmãs, das conhecidas e do próprio réu foi diferente. Para uns Geovane perseguia Luciene, para outros era Luciene quem perseguia Geovane. Em seu depoimento, Geovane disse que no motel mantiveram relação sexual e depois brigaram, pois Luciene tinha mandado uma pessoa matá-lo, e por isso confessou "que puxou Luciene pelo braço com um movimento que pressionava seu pescoço deixando-a sem ar, que após largou-a na cama e a cobriu com um cobertor... nega ter tentado enforcá-la, somente deu um gogó em Luciene... confessa ter praticado sexo anal com Luciene, porém nega ter usado violência... somente a enforcou quando esta passou a discutir com o mesmo... O interrogado não tinha muita certeza se tinha conseguido matar Luciene, somente teve certeza quando o genitor lhe contou...".

No inquérito criminal, há fotos que mostram ter havido luta corporal no quarto. O Promotor denunciou Geovane. Uma vi-

---

[1] Processo criminal n° 444/97, do 4° Tribunal do Júri.

zinha disse que a vítima era muito ciumenta, chegou a "furá-lo com uma faca...". Outro conhecido atestou que ele "sempre foi um bom rapaz"... e ela, ciumenta, o colocou na rua várias vezes.

O Promotor de Estado não aceitou qualificadoras do crime, pois "a morte da vítima se deu no transcorrer da enésima briga do casal que, por certo, estava no motel para celebrar o enésimo reatamento...".

Para a Defesa, saltou aos olhos que a *destemperada vítima mais uma vez agrediu o réu...*".

Na pronúncia, o Juiz concluiu que *a causa da morte foi indeterminada...*, que "se o acusado pretendia matar a vítima dando-lhe uma gravata, não conseguiu, já que a morte ocorreu em virtude de causas desconhecidas...", conforme o laudo do IML. O Juiz concluiu pela improcedência da denúncia.

O Ministério Público recorreu. O debate se deu em torno da materialidade do crime e o Conselho de Sentença foi negado sob o argumento de que o laudo necroscópico não fazia referência à asfixia mecânica e não afirmava que ela tivesse sofrido agressão física ou violência sexual. Enfim, até se alegava que "a morte poderia ter sido natural" (!).

O caso foi a Júri.

O réu foi condenado a seis anos de reclusão em regime semi-aberto. O Júri considerou, unanimemente, que "existem circunstâncias atenuantes em favor do acusado".

O réu saiu do Tribunal com a sentença de culpado e com a concessão de prisão albergue domiciliar.

Observa-se na argumentação que se retorna ao velho discurso de que a vítima era culpada de sua própria morte. Será que nada mudou na passagem do século XX para o XXI?

Neste livro serão analisados homicídios consumados e tentados, como os dados oficiais os ocultam, como a mídia tem tratado a questão, decisões judiciais e o desempenho do Júri. Pretende-se entender o contexto que envolve a máxima violência contra a mulher: seu assassinato.

INTRODUÇÃO

No início de 2006 vimos estampada nos jornais e na televisão a notícia de que em Pernambuco houve uma passeata de mulheres exigindo providências em relação à absurda cifra de 30 mulheres assassinadas apenas nos primeiros 26 dias do ano. Nem a globalização, o avanço do capital financeiro, a tecnologia, as denúncias ou o feminismo foram suficientes para alterar o padrão cultural de se matar mulheres. Certamente alguns aspectos se modificaram no novo cenário; é o que vamos analisar neste livro.

Há pouco mais de uma década a Conferência dos Direitos Humanos da ONU (Viena, 1993) incorporou, em seu documento final, a questão da discriminação e da violência contra as mulheres. Até então os Direitos das Mulheres não tinham um capítulo específico no âmbito dos Direitos Humanos. Ao cunhar a frase "os direitos das mulheres também são Direitos Humanos" e ao discutir esses direitos em âmbito internacional, finalmente o combate à violência contra a mulher foi incorporado às ações propostas pelo setor de Direitos Humanos da ONU.[2] A legitimidade recebida veio se associar a um vasto campo de atuação prática e acadêmica do movimento feminista no combate à violência contra a mulher.

Desde o final dos anos 70, e, sobretudo, na década de 1980, a questão da violência contra a mulher impulsionou organizações

---

[2] ONU, World Conference on Human Rights, Vienna Declaration and Programme of Action, Viena, 14 a 25 de junho de 1993.

feministas não governamentais (ONGs) a orientarem mulheres violentadas em inúmeros países da América Latina, Europa, nos Estados Unidos e Canadá. Precoce ou tardiamente, as denúncias da violência que ocorria dentro de casa começaram a ser divulgadas. Como diz Miriam Moreira Leite,[3] "os segredos de família", que incluíam incesto, assassinato, filhos tidos fora do casamento, violências físicas e psicológicas, passaram a ser denunciados à luz do dia.

Concomitantemente à ação do movimento feminista, iniciaram-se pesquisas acadêmicas sobre este problema social. A Sociologia, a Antropologia, e logo em seguida o setor de saúde, passaram a diagnosticar o significado da violência contra a mulher.

Do ponto de vista das políticas públicas, a mais importante iniciativa foi a criação das Delegacias de Defesa da Mulher, a partir de 1985, em São Paulo, no Governo Franco Montoro. A paralisação de novas iniciativas e a falta de aperfeiçoamento das já existentes evidenciam que, do ponto de vista político, o problema tem sido desconsiderado.

No Brasil, a maioria dos estudos acadêmicos aborda, principalmente, a chamada "violência doméstica". O presente trabalho, por sua vez, teve outra focalização: 1) procurou investigar os *vários* tipos de tentativa e consumação de homicídios (não apenas domésticos); 2) investigou os assassinatos de mulheres de todas as faixas etárias; 3) pretende, a partir dos resultados, fazer propostas de políticas públicas transversais de gênero.

---

[3] Miriam Moreira Leite, "Aspectos do segredo". In: Lia Fukui, *Segredos de família*, São Paulo, Annablume, 2002, pp. 61-70.

1.
O SILÊNCIO DOS DADOS

O mais claro sintoma da posição subalterna da mulher na sociedade brasileira se revela pela ausência de dados estatísticos sobre ela. Foi muito longa a luta junto ao IBGE para que se computasse a presença das mulheres no mercado de trabalho, o que só começou a acontecer no fim da década de 1980. Na área política, só depois de 1990, aproximadamente, os dados começaram a ser coletados, e até hoje são imperfeitos no segmento do poder municipal. A exceção a este ocultamento está na área da saúde, onde são mais completos e detalhados. Na área da segurança pública, até hoje as informações *não* são apresentadas com separação por sexo das vítimas ou agressores.

Entre 1990 e 1999 elevaram-se duas taxas da mortalidade feminina. A morte por AIDS mais do que dobrou em oito anos, e o assassinato de mulheres aumentou em mais de 1/3. Em 1990, no Estado de São Paulo, a *5ª causa* da mortalidade feminina na faixa dos 10 aos 49 anos eram os homicídios. Em 1999, os homicídios se tornaram a *3ª causa* da mortalidade feminina.

No caso da AIDS, há inúmeros estudos específicos sobre a contaminação da mulher por seus parceiros. Mulheres monogâmicas são contaminadas pelos companheiros que têm relações sexuais fora do casamento. Ao ocultá-las de suas parceiras, estas não tomam cuidados preventivos e correm riscos.

O mesmo está acontecendo atualmente, em 2007, com meninas adolescentes e pessoas mais idosas. De 1995 para 1999 houve uma redução nos casos de AIDS entre homens e mulheres graças a inúmeras campanhas de esclarecimento e a uma forte ação governamental nesta área pela oferta de medicamentos, prevenção da contaminação de filhos durante a gravidez e ampla divulgação sobre o assunto. Esta ação se dá apesar da resistência da Igreja Católica, que não aceita nem mesmo a distribuição gratuita de preservativos.

Entre as raras referências à mortalidade e ao homicídio de mulheres estão os dados do SEADE abaixo apresentados:

Quadro 1.1
TAXA DE MORTALIDADE DO GRUPO ETÁRIO
DE 10 A 49 ANOS DE IDADE SEGUNDO SEXO
NO ESTADO DE SÃO PAULO

	Mulheres			Homens		
Causas de morte	1990	1995	1999	1990	1995	1999
Doenças cérebro-vasculares	12,11	11,63	11,09	17,18	14,44	11,95
AIDS	3,98	14,59	8,18	24,52	48,60	23,31
Homicídios	5,45	7,32	8,27	77,99	88,15	116,88
Doenças isquêmicas do coração	7,09	6,72	6,24	20,75	18,38	18,56
Acidentes de transporte	8,96	8,51	7,23	41,25	41,95	38,36
Câncer de mama	5,68	5,67	6,05	0,04	0,02	0,03
Câncer do colo do útero	2,26	2,24	2,23	–	–	–

Fonte: Fundação SEADE; Sistema de Mortalidade.

1. COMO OBTER DADOS SOBRE CRIMES CONTRA AS MULHERES

Ao buscar outras fontes documentais e orais que trouxessem informações sobre o assassinato de mulheres, contornamos o problema pesquisando jornais, Boletins de Ocorrência (BOs) elaborados pelas Delegacias de Polícia e processos criminais. Ou seja, tivemos de fazer uma outra pesquisa para encontrar dados básicos e assim poder aferir o que acontece quando a violência contra a mulher é fatal.

Tomando por base o ano de 1998, quando os mais recentes BOs estavam disponíveis na Secretaria de Segurança Pública do Estado de São Paulo, procuramos estender a pesquisa à ultima década do século XX e início do XXI.

Os casos dos Tribunais do Júri são de 1997, o que não quer dizer que tenham sido julgados naquele ano. Recursos, desaparecimento do réu ou de testemunhas, falta de transporte para conduzir o réu da cadeia ao Fórum, ausência do advogado de Defesa no dia do julgamento, enfim, inúmeros fatores retardam ou até impedem o julgamento no ano do registro dos processos. Eles podem ocorrer em diferentes datas além da prevista.

2. FONTES DOCUMENTAIS

Pesquisamos sistematicamente três tipos de fontes: 1. material da mídia (imprensa escrita) e, não sistematicamente, programas de rádio, internet, televisão; 2. Boletins de Ocorrência (BOs) registrados nas Delegacias de Polícia da capital do Estado de São Paulo em 1998; 3. uma amostra quantitativamente representativa dos processos criminais dos cinco Fóruns do Júri da Capital de São Paulo de 1997.

Foram feitas, também, entrevistas com Juízes, Promotores Públicos e Advogadas/os.

SOBRE A IMPRENSA ESCRITA

Coletamos todas as notícias sobre tentativa e assassinato de pessoas do sexo feminino, de todas as idades, ocorridos no Brasil, publicados em três jornais paulistas: *O Estado de S. Paulo* (*OESP*), *Folha de S. Paulo* (*FSP*) e *Diário Popular* (*DP*).[4] Incluí-

---

[4] O *Diário Popular* deixou de circular em setembro de 2001, pois no

mos também os casos em que a autora do crime era mulher. Foram recolhidas notícias referentes a ocorrências no exterior, com vítimas brasileiras ou estrangeiras, para se verificar o que chamava a atenção da imprensa brasileira, em tais crimes, para noticiá-los. Alguns casos considerados "espetaculares", como de filhos que matam pais, casos que ocorreram na classe média alta ou alta, foram analisados também em revistas semanais (*Veja*, *IstoÉ*) e em outros jornais. Com este conjunto formamos dossiês específicos.

Analisamos notícias dos anos de 1991 e 2000.[5] Comparar os dois extremos da década permite avaliar eventuais diferenças entre o início e o fim do período e delinear o conteúdo da mídia

---

dia 23 de setembro de 2001 entrou em seu lugar o jornal *Diário de S. Paulo*. O *Diário Popular* pertencia ao ex-governador Orestes Quércia, que o vendeu às Organizações Globo em 5/4/2001. "O novo *Diário de S. Paulo* completou um ano de existência no dia 23 de setembro de 2002, com diversos motivos para comemorar, como a conquista de novos leitores e o reconhecimento do mercado publicitário por sua credibilidade. O principal objetivo, que era preencher uma lacuna existente entre os grandes jornais de circulação nacional e os populares, foi plenamente atingido, pois o *Diário de S. Paulo* já se firmou como um jornal sério, de qualidade, destinado à classe B" (*Folha de S. Paulo*, 6/4/2001). "Se for feita uma comparação entre o *Diário Popular* e o novo *Diário de S. Paulo*, vai se verificar que houve uma grande mudança, especialmente na parte gráfica. O projeto gráfico, de autoria do designer espanhol Roger Valles Fito, prioriza a organização das matérias na página e não deixa o leitor se perder, pois a foto e o título estão ancorados ao texto de maneira inequívoca, sem gerar dúvidas. Quanto ao conteúdo editorial, procurou-se conservar algumas características do *Diário Popular*, como a cobertura local muito forte e grande destaque ao esporte. O assunto polícia tem agora uma abordagem sóbria, e a linguagem policialesca deixou de ser utilizada, dando-se à ocorrência policial um tratamento de reportagem" (Milton Correia Junior, "*Diário de S. Paulo* amplia número de leitores", São Paulo, 12/2002. Disponível na internet no site http://www.patamar. inf.br/webc/webs/anj/jornal_anj/jornal_).

[5] Notícias de jornais foram por mim coletadas, inclusive as de 1991 e 2000, e agora fazem parte do acervo do NEMGE. O mesmo ocorre com os dossiês.

escrita, na passagem para o século XXI, no que diz respeito à tentativa ou assassinato de mulheres.

Para cada notícia foi elaborado um formulário no qual as características socioeconômicas da vítima e do réu e fatos correlatos foram transcritos para posterior análise quantitativa e qualitativa.

É preciso cautela ao se analisar o material da imprensa escrita, já que a seleção dos crimes não reflete a quantidade dos mesmos — nem todos são noticiados —, mas permite observar a linguagem da notícia, o detalhamento dado aos crimes, a perspectiva da mídia e o suposto interesse do público leitor.

Boletins de Ocorrência (BOs)

Até 1996, as Delegacias de Defesa da Mulher não tinham atribuição para registrar os casos de tentativa ou de homicídio (Massuno, 2002), os quais eram registrados obrigatoriamente nas Delegacias de Polícia. O volumoso conjunto de BOs é posteriormente encaminhado às instâncias superiores, sendo uma cópia arquivada na Secretaria de Segurança Pública do Estado de São Paulo. Esta, ao divulgar os dados, não distingue o sexo das vítimas ou dos autores — dado fundamental não apenas para a presente pesquisa mas para o conhecimento da realidade.

Distinguir os BOs com vítimas ou autoras mulheres se tornou um trabalho penoso, dificílimo, pois foi necessário manusear milhares de BOs. Coincidentemente, pesquisadores do Núcleo de Estudos da Violência da USP estavam trabalhando nos mesmos arquivos. Através de mútua colaboração, os trabalhos foram agilizados.

Os BOs distinguem: a) homicídios dolosos (com intenção de matar); b) homicídios culposos (sem intenção de matar); e c) tentativas de homicídio (quando a vítima não morreu). De acordo com o desenho da pesquisa, foram selecionados *todos* os casos em que havia vítimas do sexo feminino — portanto, o universo de casos. Resultaram 669 BOs, dos quais 285 eram homicídios e 384 tentativas de homicídio.

As informações contidas nos BOs são heterogêneas e em grande quantidade. Um único BO pode conter mais de uma vítima, vítimas dos dois sexos, pode se referir a uma chacina com vítimas de diferentes idades. Pode conter também mulheres agressoras e um ou mais agressores.

Toda esta variação foi condensada em formulários para a caracterização do tipo de crime, os aspectos socioeconômicos das vítimas e dos réus, a causa do homicídio, e outras variáveis que serão vistas durante a análise deste material.

PROCESSOS CRIMINAIS

O levantamento dos processos criminais de 1997 em que mulheres constavam como vítimas constituiu um esforço que demandou dois anos de trabalho nos livros de registro dos Tribunais do Júri do Município de São Paulo.

A pesquisa nos livros de registro, assim como nos BOs, tomava como referência o primeiro nome da vítima, supostamente designando pessoa do sexo feminino. Sabemos que esta referência é precária: há nomes que não permitem distinguir o sexo da pessoa. Sendo o único modo de escolhê-los, ele foi adotado sendo prevista correção posterior.

Resultou um total de 8.805 processos, dos quais 3.719 no 1º Tribunal do Júri, 1.451 no 2º, 1.631 no 3º, 1.197 no 4º, e 807 no 5º. A partir deles, foi sorteada uma amostra quantitativamente representativa cujos detalhes estão no Anexo 1.

ONDE ESTÃO OS PROCESSOS SORTEADOS?

A etapa seguinte consistia em localizar os processos sorteados nos respectivos Tribunais do Júri, os quais estão localizados em cinco regiões: Barra Funda, Jabaquara, Santo Amaro, Pinheiros e Penha.

Esta é outra delicada tarefa que depende da colaboração dos Juízes e, sobretudo, de funcionários extremamente atarefados dos cartórios. Felizmente tivemos a maior compreensão da parte de todos e todas, a começar pelo Presidente do Egrégio Tribunal de

Justiça do Estado de São Paulo, Desembargador Dr. Nigro Conceição, que encaminhou uma carta a todos os Juízes Presidentes dos cinco Tribunais do Júri solicitando que nossa equipe fosse recebida.

Ainda assim os processos foram localizados com enorme dificuldade. Alguns estavam arquivados por já terem sido julgados ou porque o réu estava desaparecido, falecido etc. Outros estavam em andamento e, tendo uma das partes recorrido, o processo não mais se encontrava no respectivo Fórum. Alguns não tinham sido julgados ainda ou tinham sido enviados para outro Fórum, onde estavam apensados a um outro processo, e assim por diante. Por esses fatores, a amostra se constitui de 82 processos, sem perda de representatividade graças ao peso previsto no cálculo amostral.

Os processos foram transcritos, como as notícias de jornal e BOs, para formulários nos quais constam dados socioeconômicos, as causas do crime e os demais aspectos de sua tramitação.

Relato todos estes passos para mostrar como, por trás de um simples quadro, escondem-se meses e até anos de trabalho.

Analisemos, a seguir, as circunstâncias do assassinato de mulheres na passagem do século XX para o XXI no Brasil.

2.
RÁDIO, TELEVISÃO, INTERNET
E O ENSINO DO DIREITO

Homicídios de mulheres fazem parte da realidade e do imaginário brasileiro há séculos, como mostra a variada literatura de caráter jurídico, histórico e sociológico (Barreira, 1998; Besse, 1999; Carneiro, 1929; Castro Câmara, 1995, 1932; Corrêa, L., 1934; Corrêa, M., 1983; Lyra, 1932; Sohiet, 1989). *Realidade e imaginário se retroalimentam. O assassinato de mulheres fica sempre em cena.*

1. "CABOCLA TERESA"

A música popular brasileira canta repetidamente "mortes por amor", o sofrimento da paixão não compreendida implicitamente justificando o ato criminoso. Tome-se a paradigmática canção "Cabocla Teresa", de Raul Torres e João Pacífico,[6] cujo conteúdo justifica o homem que é levado a matar a mulher que não mais quer viver com ele. O sucesso desta música, regravada por várias décadas, demonstra o eco que ela encontra entre aqueles e aquelas que compartilham uma mentalidade de punição às mulheres que querem romper com antigos amores.[7]

---

[6] João Pacífico nasceu em 5 de agosto de 1902 em Cordeiro, hoje Cordeirópolis. Filho da ex-escrava Dona Domingas e do maquinista José Batista da Lins e Silva, foi descoberto por Guilherme de Almeida quando trabalhava num trem.

[7] Músicas com uma imagem subordinada da mulher são freqüentes

Na letra de "Cabocla Teresa", um narrador presencia a cena do crime e o assassino "explica" por que matou aquela que o abandonara:

> (*Narrador*)
> Lá no alto da montanha
> Numa casa bem estranha
> Toda feita de sapé
> Parei uma noite o cavalo
> Pra mordi de dois estalos
> Que ouvi lá dentro batê.
>
> Apeei com muito jeito
> Ouvi um gemido perfeito
> E uma voz cheia de dô:
>
> "*Vancê, Teresa, descansa*
> *Jurei de fazer vingança*
> *Pra mordi de nosso amor*".
>
> Pela réstia da janela
> Por uma luzinha amarela
> De um lampião apagando
> Eu vi uma caboca no chão
> E o cabra tinha na mão
> Uma arma alumiando
>
> Virei meu cavalo a galope
> E risque de espora e chicote
> Sangrei a anca do tar
> Desci a montanha abaixo
> Galopando meu macho
> O seu dotô fui chamar

---

entre autores consagrados. Por exemplo, Ari Barroso fez "Dá nela", pregando a agressão.

Vortemo lá pra montanha
Naquela casinha estranha
Eu e mais seu dotô
Topemo um cabra assustado
Que chamando nóis prum lado
A sua história contou:

(*Assassino*)
"*Há tempos eu fiz um ranchinho*
Pra minha cabocla morar
Pois era ali nosso ninho
Bem longe desse lugar
No alto lá da montanha
Perto da luz do luar
Vivi um ano feliz
Sem nunca isso esperar

E muito tempo passou
Pensando em ser tão feliz
Mas a Teresa, dotô
Felicidade não quis
Pus meus sonhos nesse olhar
Paguei caro meu amor
Por mordi de outro caboclo
Meu rancho ela abandonou

Senti meu sangue ferver
Jurei a Teresa matar
O meu alazão arriei
E ela fui procurar
Agora já me vinguei
É esse o fim de um amor
Essa cabocla eu matei
É a minha história, dotô".

Rádio, televisão, internet e o ensino do Direito

"Cabocla Teresa", cantada na linguagem caipira paulista, um poema com rima, é acompanhado por envolvente melodia. Composta por artistas da camada popular rural, a música espalhou-se pela sociedade brasileira e continua sendo executada ainda hoje em muitas rádios e programas de televisão dedicados à música sertaneja, com transmissão nacional.

O texto revela a tentativa de ruptura da subordinação da mulher ao homem, interrompendo a dominação afetiva exercida em nome do amor masculino. O rompimento, o término da relação, não é aceito pelo homem, cujo amor pede vingança contra a insuportável emancipação da mulher, que não aceita continuar com aquele que ela deixou de amar. A ação — o crime — é justificada pela indiscutível prevalência do afeto-dominador, do clamado amor de uma só parte: "Teresa, dotô, felicidade não quis". O assassino não confere à mulher o que seria, para *ela*, a felicidade. A felicidade *dele* é que conta. Ela não é igual a ele, não tem direito à escolha. Se a mulher, para realizar seus próprios desejos, contradiz o companheiro, ela paga com a vida: é o sentido da canção.

Ao "doutor" (médico? delegado?), representante da autoridade social, o assassino conta sinceramente seu gesto. Espera dele a compreensão ao ato fatal. Não há menção a remorso, pelo contrário, aguarda conivência de seus ouvintes. Expectativa que se ajusta, aliás, à tradição mantida desde a Colônia, quando o homem tinha direito de vida e morte sobre "sua" mulher.

Para todos os efeitos, a vingança não seria crime; era desfecho consagrado pelos valores sociais que garantiam a subordinação da mulher. "Cabocla Teresa" sublinha a persistência, na sociedade contemporânea, da legitimidade da dominação masculina nas relações sociais de gênero. Modificá-la, para atingir eqüidade de direitos entre homens e mulheres, só seria possível se houvesse uma mudança nos valores sociais.[8]

---

[8] Massuno (2004: 177) analisa o auto de devassa *ex-officio* 646, 1º ca-

2. OS CRIMES DA MALA NA INTERNET

O PRIMEIRO CRIME DA MALA

Novos meios de comunicação reapresentam antigos casos de assassinato de companheiras. Na internet, em página de responsabilidade do Jurista Emeric Lévay, encontra-se detalhado relato do crime praticado pelo Desembargador Pontes Visgueiro em 1873, durante o Império de D. Pedro II.

Pontes Visgueiro, de 62 anos e surdo, viajara para cuidar da saúde. Mantinha um relacionamento amoroso com Maria da Conceição, uma menina de 15 anos, prostituta. Ao voltar, soube que Maria da Conceição tivera um novo amante. Premeditou e mandou matar aquela que considerava "traidora" (este qualificativo não lembra os argumentos proferidos 133 anos depois pelo assassino confesso Pimenta Neves?). Pontes Visgueiro encomendou um baú onde foi colocado o corpo esquartejado de Maria da Conceição, enterrando-o no quintal.[9]

"Matei porque a amava muito", alegou o assassino. O crime foi logo apelidado pela imprensa como "crime da mala". Foi o primeiro, mas não o último.

O SEGUNDO CRIME DA MALA

Em 1928, em São Paulo, o imigrante italiano José Pistole matou sua mulher, Maria Mercedes Féa, grávida de seis meses. Suspeitava que ela o tivesse traído. Em conseqüência, morreu também a menina que ela gerava. Mutilou o corpo de Maria Féa e tentou enviá-lo para Bordeaux, numa mala, pelo navio *Massilia*. Descoberto o crime, os corpos foram enterrados em Santos, no

---

so encontrado em São Paulo, em que Anna Fernandes foi assassinada por seu marido Antonio Pires.

[9] Eluf (2002) faz uma reconstrução um pouco diferente da realizada pelo Dr. Emeric Lévay.

Cemitério Saboó. A sepultura é, até hoje, local de romaria,[10] elegida como santuário.

Pontes Visgueiro, pessoa de alta posição social, foi condenado à prisão perpétua. Morreu na prisão. Já a pena de Pistole foi de 31 anos, depois reduzida a 20 anos de reclusão. Solto, casou-se e constituiu nova família.

3. "ASSASSINATOS DE MULHERES: UMA EPIDEMIA"

Ao longo das décadas de 1920 e 1930, cresceu a tendência a *absolver* os assassinos de mulheres. Advogados de renome argumentavam, na defesa de seus clientes, que as mulheres "mereciam" morrer porque eram adúlteras, descumpridoras de seus deveres domésticos e queriam se separar de seus maridos (Corrêa, 1982; Ardaillon, Debert, 1987). A justificativa era quase sempre a mesma: "matei por amor".

O número de assassinatos de mulheres era tal que as feministas Lola Oliveira (1932), Maria Lacerda Moura (1933), além da *Revista Feminina*, os consideraram uma "epidemia" e fizeram uma campanha contra os "crimes de paixão". Com elas concordou um grupo de promotores públicos: Roberto Lyra, Carlos Sussekind de Mendonça, Caetano Pinto de Miranda Montenegro, Lourenço de Mattos Borges, e o jurista Nelson Hungria.[11] Fundaram então o Conselho Brasileiro de Higiene Social, visando desvendar o porquê dos crimes passionais e reeducar a sociedade para transformá-la. Mais do que evitar tais crimes e culpar os criminosos, o Conselho de Higiene Social buscava reordenar a so-

---

[10] *Folha da Manhã*, 1/10/1928. Ver também o Museu do Crime na Academia de Polícia de São Paulo.

[11] Nos anos 20, Hungria era promotor e depois delegado em Minas Gerais.

ciedade e *preservar a família*. Afirmavam que o amor era um mal no casamento; o essencial era o cuidado da família e da prole (Besse, 1999: 90).

A partir do movimento dos citados promotores e juristas, muitos uxoricidas foram mandados para a cadeia. Na década de 1940, porém, novamente a paixão/emoção se tornou justificativa para absolver os criminosos. Os "crimes de paixão" continuaram a ser perpetrados e a justiça absolvia os criminosos sob a alegação de que matavam em "legítima defesa da honra".

Morte era a única resposta à resistência da mulher que se opunha aos desejos de alguns homens.

4. ENSINANDO A DEFENDER OS QUE MATAM "POR AMOR"

Crimes passionais, crimes cometidos sob "forte emoção", não merecem condenação. Parece ser essa a mensagem que a impunidade nestes casos tenta passar. A absolvição era constante.

Garantir a liberdade dos assassinos dependia da atuação de advogados que argumentassem a favor de seus clientes. Numa direção inteiramente oposta à dos promotores da década de 1920, que queriam mudar a relação íntima dos casais e evitar o assassinato de mulheres, foi fortalecida a aceitação daqueles crimes; e passou-se a *ensinar* qual deveria ser a conduta dos advogados empenhados em defender clientes-homicidas que usavam como justificativa o velho argumento: "matei por amor".

O modelo paradigmático da didática de defesa dos assassinos "por amor" se encontra no livro de Evandro Lins e Silva, *A defesa tem a palavra* (1991). Nele, o eminente jurista ensina aos jovens advogados como defender um assassino, mesmo que confesso, e toma como modelo a defesa que ele próprio fizera de Doca Street, assassino de Angela Diniz.

Doca Street matou Angela Diniz e confessou o crime alguns dias depois. Convivera com ela apenas três meses. Argumentava a Promotoria, auxiliada pelo advogado Evaristo de Morais, contratado pela família de Angela, que ela não suportava mais sustentar o companheiro ciumento, agressivo e violento. Depois dos poucos meses de conturbada convivência, durante os quais houve várias tentativas de rompimento, Angela mais uma vez mandou Doca sair de sua casa em Cabo Frio (Estado do Rio de Janeiro). Este fingiu se retirar da residência de Angela. Arrumou as malas e colocou-as em seu automóvel; porém, minutos depois, retornou munido de uma Bereta. Perseguiu-a até o banheiro e a matou com vários tiros, especialmente no rosto e no crânio. Aliás, são recorrentes até hoje, em 2007, esta forma de destruir a companheira deformando-lhe o rosto.

A Promotoria descreveu Doca como uma pessoa que não trabalhava, sem endereço fixo e que tivera várias mulheres, filhos dentro e fora do casamento, problemas criminais na juventude, homem violento e possessivo.

Como se contrapor ao perfil descrito pela Promotoria?, pergunta Evandro. Como demonstrar que Doca era pessoa absolutamente idônea, trabalhadora, bom pai, bom marido e com residência fixa?

O hábil defensor ensina, passo a passo, a construção desta imagem. São duas as principais estratégias. Primeiro era necessário demonstrar o bom caráter do assassino. Segundo, era importante denegrir a vítima, mostrar como ela o levara ao ato criminoso.

Doca, que não tinha profissão conhecida, é então descrito como uma pessoa que vivia de comissões obtidas pela venda de letras de câmbio ou títulos para bancos de investimento. Bastaram alguns depósitos bancários para atestar esta fonte de renda. Quanto a ter se relacionado com várias mulheres, isto não é negado. Porém, afirma-se, *ele só amara uma*: Angela Diniz.

Sobre eventuais processos judiciais, de fato fora processado e absolvido por colisão de veículos. Também fora processado na Comarca de Santos ou Guarujá, "não lembrava bem por qual", devido a uma briga ocorrida há 20 anos e ele nem sabia que tal processo existira, portanto, não se defendera, deixando posteriormente que um advogado cuidasse do caso. Enquanto isso, embarcara para um safári na África, onde também ocorrera um incidente policial "facilmente" explicável.

Quanto a ter domicílio fixo, tinha sim: era a casa de sua mãe, para onde sua correspondência poderia ser enviada.

Finalmente, para atestar sua honestidade e bom caráter, foram incluídas cartas escritas por pessoas de alta posição econômica e social, da sociedade paulista e fluminense, como: Mauro Lindenberg Monteiro, industrial; Gastão Vidigal Batista Pereira e Gastão Eduardo Bueno Vidigal, ambos do Banco Mercantil; José Cerquinho Assunção, Presidente do Jockey Club; Julio de Mesquita, do jornal O *Estado de S. Paulo*, e vários outros.

A *palavra* de pessoas de elevada posição socioeconômica valia como atestado de bons antecedentes.

Por outro lado, pessoas que os promotores chamaram e depuseram contra Doca foram desqualificadas pela Defesa, assim como os fatos por elas relatados. Duas empregadas domésticas de Angela, que testemunharam as agressões físicas, foram alcunhadas pela Defesa como "domésticas amestradas, reles coscuvilhices...", e os fatos foram tratados como "intrigas mesquinhas, enredos miúdos" (Lins e Silva, 1991: 267). As agressões que elas presenciaram não mereciam consideração, careciam de veracidade, eram pessoas "manobráveis". Suas posições sociais inferiores as desqualificavam para depor contra alguém da classe dominante. Foram desprezadas e moralmente agredidas pelo Defensor.

O fato de o assassino ter dado vários tiros "não tinha muita relevância", era interpretado como um gesto de "automatismo, de um descontrole, um desarranjo psíquico momentâneo, uma ação desordenada e extravagante" (Lins e Silva, 1991: 267). Mais uma vez era a paixão que guiava sua mão e esta nada tinha a ver com a intenção de matar.

Mas restava uma pergunta: como foi possível que uma pessoa tão correta matasse uma mulher que conhecera há apenas três meses e pela qual nutria paixão tão fulminante? Como defender este impulso criminoso perante o Tribunal do Júri?

Ensina Evandro (1991: 27): "No Tribunal do Júri, o que se julga é o homem, muito mais do que o crime". Cabe ao Defensor munir-se de todas as informações possíveis para defender seu cliente. O bom advogado deve penetrar nos sentimentos que o levaram a cometer o crime, e para captar aquelas emoções deve se servir da literatura. Evandro conta ter se preparado lendo *A servidão humana*,[12] onde reviu as "penas de Philip, sofrendo pelo amor da insensível Mildred". Para entender a rejeição sentida pelos amantes,

> "medi a extensão do martírio dos apaixonados repelidos pela mulher amada. Reli a defesa de Ferri, bela, magistral, do jovem chileno Carlo Cienfuegos, que matou em Roma a amante, Bianca Hamilton, mulher fatal e sedutora, que o levou ao desvario, ao crime e à tentativa de suicídio..." (Lins e Silva, 1991: 24).

Enfim, municiou-se para apresentar os sentimentos de rejeição, paixão, desvario, tudo o que pudesse comover o júri e levá-lo a inocentar o assassino da "mulher amada", cujo maior pecado era não aceitar tal amor. Enfim, o acusado "é homem correto e trabalhador, bom pai e bom filho, gozando do mais alto e justo conceito em todas as camadas sociais em que convive". Ele até

> "abandonou a posição de destaque que ocupava no seu meio, no Estado de São Paulo, dominado por uma obsessiva paixão amorosa. De nada valeram os desvelos, atenções, carinhos e, até as manifestações de ciúme, as demonstrações de amor pela vítima, tão bela, tão instável, tão difícil, tão carregada de problemas" (Lins e Silva, 1991: 192).

---

[12] *Of Human Bondage*, famoso romance de William Somerset Maugham publicado em 1915.

5. "A VÍTIMA ERA A AUTORA DA PRÓPRIA MORTE"

Angela Diniz, Mildred, Bianca ou a Cabocla Teresa, neste raciocínio, se equivaliam: *a vítima era a autora da própria morte*. A aula ainda não terminara, era preciso construir o perfil da vítima: Angela é descrita como uma "mulher divorciada" (condição muito malvista na época), de péssimos antecedentes, "muito livre", "autora" de um homicídio (na verdade fora co-autora de um homicídio praticado contra uma pessoa que tentara estuprá-la e fora morta por seu companheiro). Fora também "inescrupulosa" mãe, que raptara a própria filha, cuja guarda perdera ao se separar do marido. Mulher que tivera vários amantes, era pessoa instável, bebia muito; seguidamente se informa que ela bebia vodca em excesso e se tornava agressiva. O companheiro lembrava-lhe, todas as vezes, que queria construir uma família com ela e que a bebida impedia este objetivo. Era rebelde, humilhava-o comparando-o com outros homens que tivera na vida. Para concluir, era, segundo um exame psiquiátrico de origem desconhecida, "uma personalidade neurótica, com perturbações comportamentais especialmente traduzidas por excesso de agressividade" (Lins e Silva, 1991: 193).

Pretendia o Defensor caracterizar Angela por valores negativos para a parcela conservadora da sociedade. Em uma sociedade católica, que considerava pecados o divórcio, a bebida, a manifestação da sexualidade feminina e o comportamento libertário, ela era uma pecadora e como tal deveria pagar pelos seus crimes.

Enfim, em face de todos estes argumentos concluía-se: *Angela armara a mão do assassino para que a matasse*.

Como demonstraram Ardaillon e Debert (1987) e Corrêa (1983) estudando outros processos criminais, a tática da Defesa consistia em contrapor as duas personalidades — a do homem e a da mulher — criando uma imagem social e modelando um comportamento para cada um. Era esta representação que iria a julgamento. O crime não interessava. Ignoravam-se os direitos in-

Rádio, televisão, internet e o ensino do Direito

dividuais, sobretudo o direito da mulher de romper uma relação afetiva. Este rompimento merecia a morte como castigo, por levar o homem a perder o controle sobre seus sentidos.

Lins e Silva, adepto da teoria da vitimologia, "ciência causal", afirma que Angela tudo fez para ser morta, foi a autora de sua própria morte, caso típico do "homem pacato que cai nas mãos da *mulher fatal*" (grifo do original). Reprisa os argumentos de Edgard Moura Bittencourt e de Souchet: "Está provado que a vítima muitas vezes faz o criminoso, a esposa infiel arma o marido enganado" (Lins e Silva, 1991: 282-283).

O agressor respondera com agressividade, pois fora *injuriado* pela vítima. Nos "casos de homicídios passionais... a vítima, sobretudo a mulher provocadora... o crime passional é o cometido pelo homem contra a mulher, preferindo aquele *destruir o objeto sexual do que perdê-lo*" (Moura Bittencourt *apud* Lins e Silva, 1991: 284).

Com estas justificativas se inocentava tanto o caboclo como o homem da elite socioeconômica.

Era considerado justo também matar em "*legítima defesa da honra*", como no caso da quebra da "fidelidade da concubina", que leva ao "aviltamento" do homem. No caso Doca, ele se sentira aviltado ao ser chamado de "corno" (Lins e Silva, 1991: 284-285), e Angela era mulher de "*péssima conduta*", pois propusera que ele, Gabrielle Dayer e ela fizessem amor:

> "A proposta de amor a três, com outra mulher, a um homem naquele momento inteiramente subjugado a uma paixão invencível, que queria a posse limpa e exclusiva de sua amada, era um insulto, uma ofensa, uma afronta, uma injúria grande demais para ser suportada" (Lins e Silva, 1991: 289).

E, na discussão, Angela atirou a bolsa em seu rosto! Isto fora a gota d'água: a única resposta possível era matá-la para "defender sua dignidade masculina. A sua honra" (Lins e Silva, 1991: 290).

Esta linha de defesa levara a uma branda condenação do assassino (no primeiro julgamento), logo beneficiado com sursis, e, como já estava em liberdade, assim permaneceu.

Porém, a sociedade havia mudado...

6. "QUEM AMA NÃO MATA": O MOVIMENTO FEMINISTA *VERSUS* JORNALISTAS E ADVOGADOS CONSERVADORES

Acostumado à subserviência conservadora, Lins e Silva revela seu espanto ante a extraordinária pressão popular que se seguiu. O caso teve enorme repercussão, não só no Brasil, mas no exterior. Houve "publicidade nunca vista" sobre este caso, reclama Lins e Silva (1991: 295).

A Promotoria recorreu. Da apelação resultou um segundo Júri,[13] num clima assim descrito por Lins e Silva: "Naquele dia nada adiantava. Armara-se um ambiente de prevenções, organizara-se um instrumental odioso de pressões, criara-se um clima de terror publicitário que impedia a realização de um julgamento imparcial" (1991: 330).

Os comentários de Lins e Silva vão além de sua função de Defensor do cliente. Ele realmente se mostra constrangido por manifestações públicas que contrariam seu ponto de vista (reação contraditória com sua atuação pela defesa dos direitos políticos dos cassados pelo regime militar pós-1964).

O clima que envolveu este crime e seu julgamento resultou do forte movimento feminista que acompanhava os acontecimentos, disposto a pesar na condenação de Doca. Em 1979, o movimento feminista — semelhante ao dos anos 20 — não admitia mais que se matasse "por amor" ou que a honra do homem esti-

---

[13] No qual Evandro foi substituído pelo colega Humberto Telles, segundo ele, por razões de saúde.

vesse no comportamento sexual da mulher. Cunhou-se o lema: *"Quem ama não mata"*, que se via escrito por todos os lados, nos muros, na imprensa, em faixas, em cartazes, em passeatas. A frase entrou para a linguagem dos crimes contra a mulher.

Este julgamento marcou o início de mudança na perspectiva com que as mulheres eram tratadas.[14]

Na imprensa, acirrou-se a polêmica *contra* os Direitos Humanos das mulheres. Os jornalistas Paulo Francis e Tristão de Athayde se mostraram indignados contra as feministas e suas manifestações públicas que, segundo eles, pré-condenaram o réu. Irritaram-se com a repercussão que transformou uma "briga entre amantes em acontecimento nacional". Referiam-se ao "incidente" como se a vítima estivesse viva. Os prestigiados jornalistas e o advogado consideraram ilegítima a pressão da opinião pública nestes crimes contra mulheres (Lins e Silva, 1991: 295).

Dentre as matérias publicadas na época, artigo de Carlos Heitor Cony na revista *Fatos e Fotos — Gente*[15] assim descrevia o crime:

> "Eu vi o corpo da moça estendido no mármore da delegacia de Cabo Frio. Parecia ao mesmo tempo uma criança e boneca enorme quebrada... Mas, desde o momento em que vi o seu cadáver, *tive imensa pena, não dela, boneca quebrada, mas de seu assassino*, que aquele instante eu não sabia quem era" (Cony, 1979, grifo meu).

O jornalista titubeia: de um lado, cita a Promotoria, que acusava Street de libertinagem e cafetinagem, e concluía: "Mas outros cafetões, outros libertinos e safados não se tornaram assassinos". Por outro lado, em benefício do assassino, Cony en-

---

[14] Doca foi condenado no segundo julgamento a 15 anos de prisão. Recorrendo ao Supremo, nada conseguiu, e a sentença foi confirmada.

[15] Carlos Heitor Cony, *Fatos e Fotos — Gente*, Brasília, Bloch Editores, ano XVII, nº 948, 22/10/1979 (grifo meu).

trevista o delegado Sérgio Paranhos Fleury (!), que afirma: "O único crime respeitável, que não condenaria com rigor, é o passional... Crime passional qualquer um comete, até eu".[16]

O jornalista concluiu: "A chamada privação de sentidos provocada pela paixão pode fazer do mais cordial dos homens um assassino".

Na reportagem, publicada antes do julgamento, Cony já informava que Evandro Lins e Silva usaria a tese de que a "vítima provoca a própria morte" e busca um assassino que concretizará seus desejos de eliminação. Cony reforça tal argumento: *"Ela sabia. Sabia, por exemplo, que um dia um de seus amantes seria mais homem do que os outros e lhe daria o castigo — ou a vingança — que ela buscava, inconscientemente, ao longo de sua estranha aventura feita de amor, delírio e vazio"*.

Mesmo que se leve em conta a "liberdade poética" de Cony, ele adere à dupla moral sexual, uma para os homens e outra para as mulheres: "O sexo para ela era apenas sexo, sem transcendência interior que o transforma em amor". Ou, pode-se ler, as mulheres não podem ter sexo sem amor, este é um comportamento do homem.

Cony diz se eximir de julgar, mas finalmente absolve o criminoso ao dizer: "Pois não creio que, em doutrina sã, um homem possa se atrever a julgar seu semelhante. No lugar de Doca, todos seríamos Docas. No lugar de Angela, todas as mulheres seriam Angelas".

O conteúdo da reportagem reflete posições ainda acatadas por parte da sociedade brasileira da época. O ciúme, mesmo de uma ex-amante, era razão bastante para condenar à morte a "mulher infiel". A mulher tornava-se propriedade eterna do homem com quem, um dia, tivera algum relacionamento. A morte era o castigo merecido por romper tais vínculos.

---

[16] Estranhamente o jornalista escolheu um delegado de ativa atuação na perseguição aos opositores do regime militar.

Rádio, televisão, internet e o ensino do Direito

No segundo julgamento, Doca Street foi condenado. Começam a mudar os rumos dos julgamentos dos crimes cometidos sob a alegação de "legítima defesa da honra"; figura que, aliás, não constava do Código Penal. Esta condenação foi o preâmbulo de uma nova mentalidade quanto à igualdade nas relações sociais de gênero que, posteriormente, encontrei em entrevistas com vários advogados, promotores públicos e juízes.

Nos anos posteriores, aprofundou-se a mudança, embora os homens continuassem a matar mulheres. A opinião pública passou a discutir o direito masculino de vida e morte das "suas" mulheres e a refutá-lo. Confiram-se as afirmações do próprio Cony, em 2002, ao se referir a um caso ocorrido na década de 1970 em que um médico matara a mulher "20 anos mais jovem" no portão de uma universidade na cidade do Rio de Janeiro. Durante o julgamento, o advogado de Defesa do criminoso lera para o Júri um texto de Cony que fortaleceu o argumento para inocentar o acusado. Comenta Cony:

> "Não se mata ninguém, principalmente a quem se ama... [mas] os jurados decidiram absolver o criminoso. Não foi o meu caso. Eu não o teria absolvido, mas admitia que ele não fosse um monstro, crime passional qualquer um comete, daí a legislação penal admitir a privação de sentidos ou o acúmulo de muitos sentidos" (*Folha de S. Paulo*, 23/12/2002: 2).

A mudança é lenta.

Mobilizada inicialmente pelo movimento feminista, que colocara em questão o direito tacitamente aceito de que a honra do homem estava no comportamento sexual da mulher, justificativa para sua agressão fatal, a sociedade não mais aceitava, tão facilmente, o assassinato de mulheres como resposta a uma suposta ofensa que esta lhe fizesse, seja por atos ou palavras.

Como entender então a contradição entre esta mudança de valores e o freqüente assassinato de mulheres?

A separação, um suposto adultério, desconfiança da paternidade, a mera gravidez, estão na base da maioria dos assassinatos analisados. Estes argumentos, somados a outros, reaparecem constantemente na última década do século XX, como veremos a seguir.

3.
OS JORNAIS NA PASSAGEM PARA O SÉCULO XXI

Elevou-se constantemente o homicídio de mulheres na última década do século XX.

Mesmo se levarmos em consideração o aumento da violência em geral em São Paulo, ainda assim é extremamente alta a taxa de mulheres assassinadas.[17] Apesar de mudanças de atitude, exigindo cada vez mais a punição dos agressores de mulheres, há concomitantemente um aumento da taxa de homicídios de mulheres. Como entender este paradoxo?

1. AS ASSASSINADAS NO NOTICIÁRIO

No fim da década de 1960, a crítica feminista denunciava a obscuridade que envolvia a violência contra a mulher, especialmente na família. Era como se não existisse o incesto, o estupro e todas as formas de violência física, moral e psicológica contra a mulher e a criança, particularmente a menina.

Quando tais abusos chegavam à mídia, eram coloridos com versões preconceituosas. Culpava-se a mulher pelo estupro, qualquer que fosse sua idade. Incesto simplesmente era negado. O homicídio de mulheres era "explicado" tendo como base supostas "naturezas" diferentes conforme o sexo biológico do indivíduo que, conseqüentemente, diferenciava os direitos do homem e da mulher. A mídia reproduzia tais valores e era complacente

---

[17] Gawryszewski, Koizumi, Mello-Jorge, 2004.

com o homem que estuprava uma enteada criança ou adolescente e se anunciavam em manchetes: "trocou uma mulher de 30 por outra de 12 anos";[18] ele era "esperto". Se a mulher, esposa e mãe da menina violentada reagisse, era descrita como "enciumada, mal-amada", "não tinha razão nenhuma do que reclamar". Afinal, "era uma velha"...

A esta visão machista acrescentava-se um conjunto de justificativas: o homem matava por seu irrefreável e justificável ciúme, argumento aceito pela Justiça que, ao qualificar como "incontrolável"[19] este comportamento, favorecia a absolvição ou redução da pena do agressor. No caso do assassinato ser cometido por uma mulher, não havia justificativa: ela era tida como "fria e calculista", "má", "vingativa, ciumenta e... mal-amada".

Até os anos 80, a mídia noticiava, com freqüência, a morte como conseqüência da resistência ao estupro. Muitas vezes até apresentavam justificativas prévias para a violência cometida. Houve raras exceções, como a insistente matéria escrita por David Nasser na revista *O Cruzeiro* sobre Aida Cury. Em 14 de julho de 1958, alguns rapazes, dois deles de alta classe social,[20] mataram-na em Copacabana, no Rio de Janeiro. Aida, de família modesta, tinha 18 anos e acabara de sair de um colégio de freiras. Atraída para um passeio de carro, foi levada para o alto de um edifício e, no embate para se livrar da "curra", acabou jogada na calçada de Copacabana. Os jovens assassinos tiveram um inusitadamente rápido julgamento e foram condenados a penas levíssimas. Logo estavam em liberdade.

---

[18] Danda Prado, *Vida de mãe é assim mesmo?*, São Paulo, Brasiliense, 1980. Em 1982 foi rodado um documentário em 35 mm, com direção e produção de Eunice Gutman. Estas obras contam a história de Cícera, mãe de Jocilene, que foi vítima de incesto por parte do padrasto.

[19] Atualmente, a "violenta emoção", inscrita no Código Penal, tem o mesmo papel atenuador da pena do assassino.

[20] Ronaldo Castro e Cássio Murilo Silva. Disponível na internet no site: http://Copacabana.com/copahs2.shtml.

No noticiário da década de 1990, embora perdurem aspectos semelhantes, despontam novas perspectivas de representação da eqüidade de gênero. Vejamos alguns exemplos do noticiário da imprensa escrita em 1991:

1. *A manchete*:
"PM ATIRA NA MULHER QUE ESTAVA COM OUTRO HOMEM" (*DP*, 11/8/1991: 17).

A notícia:
"A revolta por encontrar, ontem de madrugada, a mulher de quem se separara há oito meses, conversando com outro homem, em frente à boate My Love... levou o policial militar... ao desespero.... Propôs 'trocar uma idéia' com a ex-mulher, mas como ela não concordasse... revoltado, o soldado sacou um revólver, atirou no casal e fugiu."
O PM e a mulher começaram a vida conjugal quando ela tinha 14 anos e ele, 16. No momento da tentativa do duplo homicídio, ele tinha 23 anos e ela, 21.

O conteúdo:
O texto sugere que a recusa da mulher em dialogar "explicaria" o "desespero" que levou o policial à tentativa de assassinato. Irrefreável sentimento emocional encontra, no Código Penal, amparo para a redução de eventual pena.

2. *A manchete*:
"ASSASSINOU A EX-COMPANHEIRA AO TENTAR VOLTAR" (*DP*, 24/9/1991: 13).

A notícia:
"Sérgio Augusto Rasga (foto publicada) de 33 anos... matou com seis tiros Luciana Corrêa de Andrade, de 20... sua ex-companheira. Conviveram durante dois anos e estavam separados por causa do ciúme doentio dele, que provocou inúmeras brigas... ficou à espera da ex-companheira defronte à Estação da

Fepasa... e mais uma vez tentou voltar às boas... Os PMs... ouviram os tiros..."

O conteúdo:
A linguagem atenua a culpa do autor informando que o ex-companheiro "tentou voltar às boas". Castigou a mulher que não queria continuar a convivência.

A notícia fornece argumento que justificaria a separação: a companheira não suportava o ciúme excessivo do homem.

3. *A manchete*:
"VIU O CUNHADO ASSASSINAR A IRMÃ" (*DP*, 26/9/1991: 15).

A notícia:
"O ciúme doentio que o ajudante desempregado... 26 anos... nutria pela mulher, Cirlene... e o desespero de não conseguir emprego o levaram a matá-la... Quando começou a faltar dinheiro, as brigas passaram a ser quase constantes porque ele começou a beber... de manhã; Eusébio, feito um alucinado, apanhou um facão e começou a golpeá-la." Arrastada até a rua pela irmã, Eusébio a seguiu e "terminou de matá-la, fugindo em seguida".

Foram 18 golpes de facão. Cirlene estava grávida de quatro meses.

O conteúdo:
O quadro que levou Eusébio a matar Cirlene com tamanha brutalidade é descrito pela imprensa num rol que, mais uma vez, começa pelo ciúme, seguido da bebida e do desemprego. Parece ser a única reação que o homem encontrara diante da enorme pressão que sofria. A embriaguez e o desemprego são aspectos detalhados pela mídia. Mas a *gravidez* é apenas mencionada,[21] embora provoque várias vezes a violência contra a mulher.

Matar a companheira seria a única forma de canalizar a

---

[21] Eleonora Menicucci foi a precursora, no Brasil, ao apontar a reação violenta de alguns homens à gravidez da companheira.

frustração que o desemprego, a falta de dinheiro e a dependência econômica da mulher provocam no homem?

A notícia enfatiza os detalhes cruéis da violência do assassino, que só abandona a mulher depois de estar certo de sua morte.

Este caso se assemelha a outros em que assassinos atacam suas vítimas mesmo que parentes ou vizinhos tentem detê-los.

4. *A manchete*:
"ASSASSINO DA MULHER E DO AMANTE É ABSOLVIDO" (*OESP*, 31/8/1991: 18).

A notícia:
O Tribunal do Júri de Apucarana, Paraná, absolveu em segundo julgamento o operário João Lopes, de 41 anos. Ele matou "a mulher" e o "amante" em 1988. Eles já estavam separados, mas o réu os procurou e os esfaqueou. No primeiro julgamento ele foi absolvido "por seis votos a um" com o argumento de "legítima defesa da honra do marido ofendido". Associações de defesa da mulher colocaram faixas de protesto na frente do prédio. "O Juiz Luiz Fernando Pereira exigiu a retirada das faixas."

O STJ anulou a decisão considerando "não haver validade na tese de defesa da honra para os crimes". Apesar desta impugnação, levado a um segundo Júri, o agressor foi novamente absolvido. "Ao ouvir a sentença ela foi aplaudida pela assistência."

A notícia esclarece: "O promotor Sócrates considerou que o casal estava separado, mas infelizmente está arraigado o conceito de que a honra do marido se condiciona ao comportamento da mulher".

O conteúdo:
Texto inovador na informação, na linguagem e nos comentários. Considera a persistência de antigos valores, como o direito do marido e ex-marido sobre a vida sexual da (ex)mulher. Inova quando questiona a "legítima defesa da honra" como argumento para "explicar" o comportamento do réu, evidenciando a manutenção da mentalidade patriarcal. Ao apontar a contradição entre

as posições tradicionais do Júri e do Juiz em relação às posições igualitárias dos movimentos feministas, do Promotor e do STJ, a notícia indica a emergência de uma nova mentalidade no rumo à igualdade de direitos entre homens e mulheres em suas vidas afetivas e sexuais.

Esta notícia traz importante elemento para reflexão: não basta a mudança na lei se a mentalidade continua presa a valores antigos.

5. *A manchete*:

"MORADORA DE ALPHAVILLE É ESTUPRADA E MORTA" (*FSP*, 16/2/1991, C1).

A notícia:

"A estudante Cristiane Lobato Arraes, 18, foi encontrada morta ontem, às 7 horas, no eucaliptal de Vila Márcia, em Jandira. Filha do médico e professor da Escola Paulista de Medicina, ela estava desaparecida desde anteontem às 20h30. Cães adestrados da Polícia Militar localizaram o corpo da menina... estuprada e torturada antes de ser sufocada à morte." A notícia informa que "Cristiane Arraes morava com a família de classe alta, no conjunto residencial Alphaville 2... acabara de prestar vestibular. Entrara no curso de odontologia da Faculdade de Mogi das Cruzes... Sua mãe também é médica".

Este assassinato foi objeto de inúmeras reportagens em jornais (*OESP*, *DP*, *FSP* etc.), ocupando manchetes e páginas inteiras. Revistas semanais como *Veja* e *IstoÉ* dedicaram capas à matéria. A enorme repercussão do crime atestou o impacto provocado na sociedade. A ação policial era acompanhada diariamente pelo rádio e pela televisão. A opinião pública estava sensibilizada com a tragédia que atingira a jovem e sua família.

O conteúdo:

O destaque dado à condição socioeconômica da família desmentia a suposição de que a classe alta, vivendo em caros "condomínios", estivesse a salvo da violência sexual.

A insistência em chamar a vítima de "menina" ou "garota", apesar de ter 18 anos e ter ingressado em um curso universitário, revela a dimensão ideológica do noticiário. As adolescentes e jovens de camadas sociais mais baixas são sempre referidas como "mulher" ou "menor" (Blay, 1997: 31-4).[22]

Identificando-se com a vítima e sua família, seja por já terem sofrido, seja por medo de que venha a acontecer com elas próprias ou suas filhas, o estupro e morte ocuparam a mídia por vários dias até a descoberta dos autores.

Criou-se um clima de visibilidade em relação aos estupros. Casos ocorridos no mesmo lugar, que não tinham sido denunciados à Polícia, foram-no então. Diferentes pessoas procuraram facilitar a localização dos criminosos. Um informante anônimo, residente próximo ao local do crime, tinha parte do número da chapa do carro de uma mulher estuprada 15 dias antes e que não havia feito denúncia. Esta vítima, também moradora do mesmo condomínio, buscou então a Polícia exigindo anonimato e passou a ajudar na descrição dos assassinos. Comentários sobre o estranho comportamento de um deles, feito por sua própria esposa com uma vizinha, levou esta última a associá-lo ao crime e a denunciá-lo à Polícia. Todas as pistas foram consideradas e quatro dias depois os culpados foram detidos.

O caso de Cristiane — estupro seguido de morte — abalou seriamente a opinião pública, pesando para isso a condição socioeconômica de vítima, sua beleza, e a tragédia que este fato representou para sua família. Não houve a menor sugestão, tão habitual anteriormente, de que a vítima era a culpada de seu estupro. *Consagrava-se a mudança de atitude com relação à violência do estupro.*

* * *

---

[22] Nesse texto discuto como as representações de infância, adolescência e idade adulta variam conforme a classe social da pessoa referida.

Em passado recente, até a década de 1980, culpava-se a própria mulher pelo estupro. De vítima ela passava a autora com argumentos do tipo: "usava saia curta", "ela parecia oferecida, sua calça era muito justa". O movimento feminista contestava esses argumentos mostrando que se estupravam crianças, bebês, mulheres idosas, religiosas, entre outras. As feministas, as Delegacias de Defesa da Mulher e várias ONGs procuravam estimular as vítimas a denunciar, a vencer o medo e a injusta vergonha que as acometia. Centenas de folhetos foram publicados com a mensagem: "Você não é culpada: denuncie".

Com a criação da Delegacia de Defesa da Mulher em São Paulo, em 1985, o quadro começou a mudar. Cada vez mais as vítimas procuravam as delegadas, revelações sobre o abuso dentro da família se tornaram públicas e se começou a conhecer a multiplicidade de mulheres e meninas atingidas. A crueldade do estupro e suas seqüelas foram reveladas, de forma que se tornou um dos crimes mais repudiados pela sociedade pós-1990. No ano de 1990, foram denunciados nas Delegacias de Defesa da Mulher do Estado de São Paulo 923 estupros. Em 1998 este número subiu para 1.834. O pico das denúncias deste período se deu em 1995, com 1.985 casos (Marques da Silva, 2002: 165).

Só com a nomeação da Juíza Ellen Gracie para o Supremo Tribunal Federal houve uma reviravolta nas sentenças que absolviam estupradores. A Juíza demonstrou no julgamento de um pai que estuprava continuamente duas filhas menores de idade os profundos danos psicológicos da violência sexual e conseguiu *modificar* o voto de alguns membros do Supremo que teriam absolvido o réu. Foi condenado o incestuoso estuprador. A notícia foi detalhadamente publicada pela agência de notícias de *O Estado de S. Paulo*.[23]

Mas estupros e mortes continuam a ocorrer.

---

[23] Habeas corpus n° 81360. Julgamento: 19/12/2001. Órgão julgador: 1° Turma. Publicação: *DJ*, 19/12/2002, p. 71. Ementa v. 02096-02, p. 404.

6. *A manchete*:
"INVESTIGADORA É TORTURADA E MORTA EM MORRO DO RIO" (*OESP*, 20/4/1991: 14).

A notícia:

Regina Coeli Barbosa, junto a outro investigador, foram seqüestrados por traficantes do Morro da Providência onde inves-

---

Na ementa, o estupro é considerado crime hediondo, cuja pena deve ser cumprida em regime fechado, sem progressão. Ellen Gracie mostrou as conseqüências biológicas, psicológicas e sociais do estupro e que as lesões são sempre de natureza grave. A matéria foi objeto detalhado da agência de *O Estado de S. Paulo* de 17/12/2001, em texto escrito pela jornalista Mariângela Gallucci: "STF JULGA ESTUPRO CRIME HEDIONDO, COM OU SEM LESÃO CORPORAL". "Brasília — Em decisão inédita, os ministros do Supremo Tribunal Federal (STF) concluíram, nesta segunda-feira, que comete um crime hediondo quem estupra, mas não mata e nem provoca lesões corporais graves na vítima. Por sete votos a quatro, o plenário do STF negou *habeas corpus* a um pai condenado a 16 anos de prisão por manter freqüentemente relações sexuais com duas filhas menores de idade. Antes do julgamento desta segunda, havia uma divisão no Supremo. A maioria dos ministros da 1ª Turma considerava hediondo qualquer tipo de estupro ou atentado violento ao pudor, independentemente de resultar em lesões corporais ou morte. Mas os integrantes da 2ª Turma entendiam que o crime era hediondo apenas quando resultava em morte ou lesão corporal grave. Destaque na votação, a única ministra do STF, Ellen Gracie, apresentou estudos para demonstrar que os danos psicológicos decorrentes do estupro muitas vezes são mais graves do que as lesões corporais. 'A violação do corpo humano tem, como se viu, altíssimo potencial de provocar um sem-número de graves moléstias físicas, disfunções orgânicas e traumas emocionais', afirmou a ministra. 'Ao repelir a interpretação que afasta do rol dos crimes hediondos o delito de estupro em sua forma simples, estará esta Corte dando à lei sua correta inteligência e, principalmente, sinalizando que o Estado brasileiro, para além da simples retórica, estende proteção efetiva às mulheres e crianças vítimas de tal violência, e reprime, com a severidade que a sociedade exige, os seus perpetradores', disse Ellen Gracie. Os crimes hediondos são considerados gravíssimos, a ponto de a legislação brasileira impedir benefícios para seus autores, como a transformação da prisão em regime semi-aberto. No rol desses delitos estão o homicídio qualificado e o tráfico de drogas".

Os jornais na passagem para o século XXI

tigavam o tráfico de drogas. Ela teve "O corpo... perfurado com golpes de faca". Seu parceiro levou tiros pelo corpo, mas escapou com vida.

Houve revolta dos policiais que tentaram invadir o Morro, sendo impedidos pelo Secretário de Segurança. Informa a notícia que se desconhecia se os dois investigadores teriam preenchido "um formulário sobre os serviços" executados.

O texto se detém na carreira da investigadora. Trabalhara na Delegacia de Defesa da Mulher por pouco tempo, era investigadora há três anos e fora transferida para a Divisão de Repressão ao Crime Organizado no "início da onda de seqüestros no Rio, no final de 1988". Segundo seus colegas, quando a Polícia deteve familiares de um suspeito seqüestrador, levando para a "DIRCO várias mulheres, algumas delas com bebês", Regina "passou a madrugada preparando mamadeiras e ajudando a trocar fraldas das crianças".

O conteúdo:
Nesta notícia se estampa a ainda incipiente atuação policial no comércio de drogas naquele período: dois investigadores isolados, sem nenhuma retaguarda, vão a um morro dominado por traficantes. Após a agressão, a corporação policial ignora o espaço da Justiça e tenta revanche.

Sobre a carreira policial de Regina é destacado seu comportamento "materno" ao expressar solidariedade a um grupo de mulheres e crianças detidas. Contraditória é a visão sobre a policial: para a corporação é uma mulher maternal, para o traficante é apenas uma agente da repressão.

O assassinato de mulheres atuantes na política ou a inserção no trabalho em espaço público é perversamente igualitário: matam-se mulheres policiais e políticas assim como se fazem com os homens.

7. *A manchete*:
"Moça é morta em suíte de motel na Zona Leste"
(*OESP*, 27/6/1991: 22).

A notícia:
Com linguagem descritiva e algumas contradições, informa que Cristiani, funcionária da Eletropaulo, conhecera um PM e um comerciante e fora com os dois a um motel. O "corpo", encontrado pela faxineira que fora fazer uma "checagem da suíte" antes da saída dos ocupantes, recebera um tiro fatal. O comerciante a levou a um hospital, onde chegou morta. O PM fugira e se apresentara dois dias depois.

O conteúdo:
Os dois homens que acompanhavam Cristiani foram ouvidos pela Polícia. Cada um contou uma história. O caso não despertou maior interesse em ser esclarecido. Teria sido esta atitude motivada pelo comportamento sexual liberal de Cristiani? Subentendia-se que era um risco previsível uma jovem de 20 anos freqüentar um bar e aceitar o convite para ir a um motel? Por trás da linguagem aparentemente neutra, havia um julgamento moral. Nem se aventava, por exemplo, a possibilidade de Cristiani ter sido forçada a acompanhar os dois homens.

8. *A manchete*:
"Marido abandonado mata mulher, filho e dois parentes" (*OESP*, 17/4/1991).

A notícia:
O jornal foi buscar um homicídio ocorrido em Rondonópolis, Mato Grosso (MT), onde "o marceneiro... de 26 anos, matou a tiros a mulher..., o filho de 3 anos, a cunhada e o concunhado. Atirou ainda na filha... de 5 anos. A menina passa bem".
O casamento durou seis anos e o casal estava separado há dois meses. Moravam em Goiânia e a mulher foi com os filhos viver em Rondonópolis, na casa de uma irmã. O marceneiro ba-

tia na mulher desde os tempos de namoro e continuou a fazê-lo com freqüência. Em fevereiro, ela o denunciara à Polícia após ele lhe ter fraturado o nariz. Cometido o homicídio, "o marceneiro foi preso em flagrante", e disse: "Não suportava a idéia de Rizelda ter outros namorados, por isso decidi matá-la".

O conteúdo:

Essa notícia, como tantas outras sobre crimes cometidos porque a mulher tentava a separação, revela que não bastava eliminar a mulher, matam-se filhos e parentes que a acolheram. O jornal denomina o ocorrido de "chacina",[24] qualificativo que tem sido aplicado a casos em que há várias vítimas ligadas ao tráfico de drogas e às brigas de quadrilhas, o que evidentemente não é o caso. O autor e os motivos são conhecidos e nada tem a ver com os vários tipos de chacina.

Mais uma vez a "explicação" do crime é a tentativa da mulher romper um casamento. Mesmo que ela fosse violentada por anos a fio, o tom da notícia, fixado desde a manchete, é o de um crime previsível, em que a morte é a punição pela tentativa de separação.

9. As manchetes:

"PM MATA NAMORADA EM HOSPITAL" (*FSP*, 15/7/2000);

"POLICIAL EXECUTA AMANTE DENTRO DE HOSPITAL NO DF" (*OESP*, 15/7/2000).

A notícia:

"O policial militar João Gabriel, 38, matou ontem a tiros a namorada, Geniza Lima Ferreira, 17, no hospital onde ela havia sido internada na noite anterior após uma primeira tentativa do policial de matá-la. Após o assassinato, Gabriel tentou se suicidar com um tiro no queixo."

---

[24] "Chacina", termo jornalístico, ou "matança", na jurisprudência usado para designar o homicídio de várias pessoas, normalmente cometido com crueldade e muitas vezes sem motivo, ou por motivo fútil, ou torpe.

O crime, ocorrido em Taguatinga, Distrito Federal, recebeu diversas interpretações no noticiário. Ora o PM, que era casado, queria convencer a namorada a fazer um aborto; ora o irmão do policial afirmava que os dois tiveram um relacionamento desde que ela tinha 15 anos e que o PM estava tentando se reconciliar com a esposa, mas "a moça vinha perturbando e infernizando (a vida do policial), procurando-o insistentemente".

Assim, depois de uma discussão, Genilza foi atingida por três tiros de raspão disparados pelo namorado e internada no hospital de Taguatinga. A "segunda tentativa de homicídio ocorreu ontem (no dia seguinte, no hospital) às 6 horas... Gabriel chegou... vestido à paisana. Disparou dois tiros contra a moça, que estava dormindo e morreu instantaneamente".

O conteúdo:

Por um eventual "lapso" do jornalista, o homicídio é noticiado como "tentativa de homicídio", embora Genilza tenha morrido na hora. O texto mostra dois lados do problema: a pressão do namorado para que a jovem de 17 anos realizasse um aborto e as palavras do irmão do PM que a "acusa" de "perturbar e infernizar" a vida do agressor. Não há referência de que fosse crime premeditado, embora tudo faça crer que tivesse sido. A notícia termina informando que o PM foi levado ao Hospital de Base, e está em estado estável. Também se informa que a segurança do Hospital deve ter falhado, pois ele não poderia ter entrado no Pronto-Socorro.

As versões atenuam a gravidade do gesto fatal do PM e trazem dados que pretendem culpabilizar a vítima: a gravidez indesejada pelo companheiro, a resistência ao aborto, a relação sexual fora do casamento, a juventude da companheira, as diversas tentativas de eliminá-la e a separação do casal, finalizando com a "tentativa" de suicídio do assassino (na maioria dos casos que encontramos, o agressor "tenta" o suicídio, mas não é bem-sucedido).

Casos de assassinato, estupro e incesto, como ocorriam nos séculos precedentes, continuam a ser noticiados, como se vê a seguir:

10. *A manchete*:
"Tio acusado de estuprar e matar garota de três anos" (*OESP*, 14/8/2000).

A notícia:
O fato ocorreu na cidade-satélite de Sobradinho, Brasília. Edimilson Carvalho Sales, de 42 anos, depois de ter bebido numa festa familiar, levou a menina de três anos para um matagal, estuprou-a e a estrangulou. Negou seu ato, o qual foi confirmado pelo laudo pericial.

O conteúdo:
A violação por parte de pessoas da família só confirma um antigo comportamento por tanto tempo silenciado. Na entrada do século XXI, a diferença consiste na revolta que esta violência provoca e nas tentativas da população de linchar o violador.

Há uma diferença entre a *mídia escrita* e a *televisão*. Nesta última, sobretudo nos programas de caráter policial, se manipulam casos de estupro e incesto noticiando-os de forma sensacionalista. O mesmo episódio, por exemplo, de um pai molestando suas filhas e sendo preso em flagrante, é reprisado inúmeras vezes, por dias e mesmo meses seguidos, como se fosse *ao vivo*. A mensagem passada ao espectador é um pseudoprotesto que, numa sublinguagem, exalta o comportamento do infrator, oferecendo detalhes não distantes da pornografia infantil.

* * *

Três manchetes, três crimes: numa mesma página de *O Estado de S. Paulo*, em 21 de março de 2000, são noticiados três crimes com vítimas mulheres. No alto da página, ocupando toda a largura da mesma: "Marido ataca modelo a facadas e quase é linchado". Abaixo, outro crime: "Adolescente é encontrada morta em escola da Zona Leste. A polícia acredita em vingança". E mais abaixo: "Assassinada filha de ministro do TST".

11. *A manchete*:
"MARIDO ATACA MODELO A FACADAS E QUASE É LINCHADO" (*OESP*, 21/3/2000).

A notícia:
Ticiana Maoli Ferro Feodato foi vítima de tentativa de assassinato pelo marido Leonardo Palhano Feodato, de 20 anos. Era modelo profissional, tinha 18 anos, e mãe de um filho de um ano e meio. Ele a acusa de querer "ganhar dinheiro rápido". Ela "não gostava de estudar e ser modelo era a melhor saída, acusa o marido". Feodato esfaqueou Ticiana "no pescoço e na mandíbula, com golpes de faca de cozinha. [Ela] também recebeu pontapés no rosto e no corpo". O caso ocorreu na rua, perto da casa onde Ticiana morava nos Jardins, e Leonardo quase foi linchado pelos transeuntes. Foi salvo pela Polícia.

O conteúdo:
Os golpes no rosto de Ticiana não deixam dúvidas sobre a intenção de destruir a profissão da modelo. O marido não soube explicar por que tinha trazido de Londrina uma faca de cozinha em sua bagagem. Ticiana, em São Paulo, estava escondida do marido, hospedada em local de propriedade da agência para a qual trabalhava, o que indica que havia ameaças anteriores.

12. *A manchete*:
"ADOLESCENTE É ENCONTRADA MORTA EM ESCOLA DA ZONA LESTE" (*OESP*, 21/3/2000).

A notícia:
Maryelyn Araújo dos Santos, de 15 anos, tinha sido aluna da Escola Municipal Padre Chico Falconi, Jardim Bartira, "conforme informaram vizinhos". A Polícia "acredita que a morte tenha ocorrido entre 3h30 e o início da manhã, porque uma tes-

temunha contou tê-la visto circulando perto do colégio por volta das 3 horas... No chão de cimento, ao lado do corpo, havia uma inscrição: 'A frase dizia que era para ela aprender a não roubar o namorado dos outros', contou o investigador".

O conteúdo:
Estranho e vazio noticiário: o que fazia uma adolescente de 15 anos na rua às 3 horas da manhã? Quem era o vizinho que a viu naquele horário? O que de fato significava a inscrição? Mais um caso de homicídio que provavelmente ficará como de autoria desconhecida, sem as indagações corretas, sem um mínimo de dúvidas colocadas junto à notícia. Fossem outras as circunstâncias, em bairro de classe mais alta, e a vítima pertencente à classe média alta ou alta, a notícia não se limitaria a esta pobre descrição, e a própria imprensa teria caráter mais investigativo.
O caso entra para a banalidade das mortes de adolescentes da periferia em escolas.

13. *A manchete*:
"ASSASSINADA FILHA DE MINISTRO DO TST" (*OESP*, 21/3/2000).

A notícia:
Maria Teresa Caiado Guedes Amorim, de 31 anos, foi morta pelo marido Olimpio Pereira de Paula Junior, de 34 anos. Perseguido pela Polícia Rodoviária porque dirigia bêbado, por acaso foi encontrado o corpo de Maria Teresa no porta-malas. O crime foi cometido em Goiânia, confessou Olimpio; o carro foi detido perto de São Joaquim da Barra, pois ele "dirigia de maneira perigosa". Diz a notícia: "Segundo a Polícia, o casal brigou, agrediu-se e Maria Teresa foi atirada contra a parede. Eles tinham três filhos". Maria Teresa teve fratura no crânio.

O conteúdo:
Nada mais se informa além da embriaguez, da briga do casal, da agressão, como se não necessitasse maiores detalhes, pres-

supondo as corriqueiras noções de briga entre marido e mulher. A condição de classe do casal provavelmente limitou as informações sobre o caso através de pressões.

No fim do milênio, estas três notícias, dispostas numa mesma página, simbolizam a permanência da violência contra mulheres jovens (15 e 31 anos) de diferentes classes sociais. Das três, duas morreram, e a terceira teve seu futuro profissional destruído. Dois maridos foram responsáveis e se desconhece a autoria do terceiro. O trabalho da mulher provocou ciúmes e distanciamento do casal. Não se imagine que isto ocorra apenas com modelos. Basta ser uma faxineira, ou exercer outra modesta profissão que possibilite certa independência econômica e permita à mulher sair de casa, para provocar reações violentas por parte do homem enciumado, desconfiado e inseguro. Gravidez, resistência ao aborto e independência econômica são punidas com violência e morte.

A independência financeira da mulher tem sido muitas vezes corretamente lembrada pelo movimento feminista como um instrumento de libertação da mulher da dependência econômica de homens violentos e dominadores. Mas, justamente por dar maior liberdade às mulheres e levá-las à emancipação, o trabalho remunerado pode provocar a violência.

Na virada para o século XXI, diferentemente dos anteriores, o noticiário sobre a violência contra a mulher se torna cada vez mais numeroso e a mídia revela certa demanda social para a descoberta e punição dos assassinos, embora resistam casos noticiados sob uma ótica conservadora e machista.

2. CLASSE SOCIAL E VIOLÊNCIA FATAL

Como se tem mostrado desde o início deste livro, o assassinato de mulheres ocorre em *todas as classes sociais*. Filhas de ministros, jornalistas, advogadas, empresárias e outras mulheres de classe alta, infelizmente, também são assassinadas por seus (ex-)maridos, (ex-)namorados e outros homens com quem tiveram alguma relação afetiva.

Casos de grande impacto ocorridos no século XIX e começo do XX, citados no início deste estudo, repetem-se na passagem do século XXI. Um dos crimes que recentemente ocupou a imprensa por semanas envolvia um jornalista de alta posição social e profissional, Pimenta Neves, que publicamente matou e confessou o assassinato da também jornalista Sandra Gomide, jovem que fora sua namorada e não mais queria manter um relacionamento com ele.

O crime ocorreu em 16 de agosto de 2000. Pimenta Neves, então com 63 anos, diretor de redação de *O Estado de S. Paulo*, matou Sandra Gomide, de 30 anos. Enfurecido "por Sandra ter acabado o namoro, Pimenta foi ao Haras Setti, em Ibiúna (SP), onde ela tinha ido andar a cavalo. Após discussão, disparou dois tiros, um nas costas e outro na cabeça", e fugiu. Posteriormente, se entregou à Polícia acompanhado de renomado advogado. Ficou na prisão até ser solto por *habeas corpus*.

Dois anos depois do crime, Pimenta, já solto e esperando julgamento, concedeu entrevista ao *Diário de São Paulo* (16/8/2002), cujo conteúdo merece análise.

Diz a manchete: "NEVES DIZ QUE É PRISIONEIRO EM SUA CASA E SÓ ESPERA O JULGAMENTO". A matéria se autoclassifica como um furo de reportagem: "Jornalista que matou namorada concede entrevista pela primeira vez após dois anos do assassinato de Sandra". O assassino é assim descrito:

> "Depois de quase cinco minutos de espera e três toques insistentes na campainha, ele decide atender à porta. Mais magro, mais velho, de barba e de bigode brancos, o jornalista Antônio Marcos Pimenta Neves, de 65 anos, desce as escadas do jardim de sua casa no bairro Alto da Boa Vista, em Santo Amaro, Zona Sul de São Paulo."

Pimenta teria se mostrado "surpreso" com a visita, mas atendeu a jornalista Regina Terraz. O teor do diálogo entre eles transcrevo abaixo:

"— Entre, não repare a bagunça — diz Pimenta.

De camisa xadrez, calça bege e sapato esportivo, ele senta no sofá da sala e começa a contar como viveu nestes dois anos.

— É uma tragédia que deixou duas vítimas: a Sandra, principalmente, e eu.

Vive sozinho e tem a companhia de seu cachorro. Ficou preso sete meses, até maio de 2001. Mostra-se deprimido e, embora aposentado, tenta obter registro de advogado na Ordem dos Advogados do Brasil, apostando na possibilidade de dar novo rumo à vida. Não fala com as filhas que moram nos Estados Unidos e que 'foram perseguidas pela imprensa quando estiveram no Brasil'. Não fala sobre o crime, ou tragédia, como prefere dizer.

— Não gosto de falar sobre isso, me faz muito mal, ainda tomo remédios contra ansiedade e depressão por causa disso — diz. — Cometi um erro — admite.

Reage contra a imprensa que deu 'uma cobertura sórdida e unilateral'. Acusa jornalistas de terem 'se aproveitado de uma tragédia pessoal para se vingar dele'.

— Não houve respeito aos fatos, à minha vida pregressa, aos 40 anos de honradez — diz. Afirma que nunca deu tapas no rosto de Sandra, conforme o Boletim de Ocorrência que ela fizera contra ele em 5 de agosto de 2000.

— Isso é falso. Nunca a agredi.

Pimenta não se deixou fotografar.

— Estou esperando o julgamento — diz."

O conteúdo desta matéria dificilmente pode ser interpretado como neutro. Deu a palavra ao criminoso, revelou seus planos para construir um novo futuro, desqualificou a imprensa e desmentiu dados que constam de Boletim de Ocorrência feito por Sandra. Enquanto ela vivia, ele não desmentira os dados desse BO. Na matéria, a palavra é dada apenas ao autor do homicídio, que tem a oportunidade de se defender, dizer que seu gesto foi uma "tragédia" pessoal e criticar colegas de jornalismo pelo "desrespeito" à sua vida profissional.

A autora sequer lembra as perseguições que precederam o assassinato de Sandra ou o próprio momento em que o crime foi cometido, em público, com várias testemunhas e com todo um esquema premeditado. Não dá a palavra à família, colegas ou amigos de Sandra. Assim, se continuou esperando o julgamento e punição para pessoa de alta posição socioeconômica e de relacionamento com pessoas importantes no cenário jornalístico.

A matéria traça um contraditório perfil do réu: de um lado mostra um homem amargurado e deprimido, de outro o mesmo indivíduo faz planos para o futuro. Qual seria o verdadeiro estado do assassino confesso?

Depois de seis anos, o jornalista Antônio Marcos Pimenta Neves, 69, foi levado a Júri, que o condenou a 19 anos, dois meses e 12 dias pelo assassinato da ex-namorada, a jornalista Sandra Gomide. Mas Pimenta Neves não ficou preso, pois poderá recorrer em liberdade graças a recursos impetrados.

O julgamento foi acompanhado ao vivo por todos os meios de comunicação, com grande interesse do público. O fato de ter sido condenado e poder recorrer em liberdade frustrou enormemente grande parte da população, conforme foi noticiado em depoimentos publicados na imprensa e entrevistas à televisão.

CRESCEM NOTÍCIAS DE CRIMES
LIGADOS ÀS DROGAS, CHACINAS E TRÂNSITO

Além dos homicídios cometidos por companheiros, pais e mães, avultam, no fim da década, as notícias de mortes de meninas e mulheres relacionadas às drogas: "GAROTA DE 14 ANOS LEVA TIRO NA CABEÇA E MORRE" (*OESP*, 7/12/2000)", "2ª CHACINA DEIXA TRÊS MORTOS NA ZONA LESTE" (*OESP*, 9/10/2000). "Foram dois homens e uma mulher. Aparentemente tratava-se de grupo envolvido com o tráfico de drogas."

"MULHER É MORTA NA LAPA AO TENTAR FUGIR DE ASSALTO" (*OESP*, 6/5/2000), "MULHERES ENCONTRAM A MORTE NOS SEMÁFOROS" (*OESP*, 1/7/2000): na virada do século, cresce a freqüência de notícias sobre mulheres assaltadas quando dirigem seus carros, sobre mulheres seqüestradas e sobre a violência contra estudantes de todas as faixas etárias.

A mídia os denomina "crimes urbanos", pretendendo indicar que ocorrem em metrópoles ou grandes aglomerações urbanas — como se a densidade populacional fosse responsável pela violência e não houvesse crimes em cidades pequenas. Os dados desmentem esta explicação, pois no interior de São Paulo e de outros estados, em pequenos municípios, há proporcionalmente elevada taxa de criminalidade.

Os homicídios de grupos de pessoas — chacinas — são também cada vez mais freqüentes e muitas vezes incluem mulheres: "DUAS CHACINAS DEIXAM SETE MORTOS NA CAPITAL" (*OESP*, 4/4/2000). "Quatro estudantes são mortos numa chacina. Entre outras vítimas há uma adolescente de 15 anos, um rapaz de 17 e uma mulher grávida de 28."

Este tipo de assassinato aumentou progressivamente depois de 2000. Embora os homens sejam os mais atingidos, a mídia destaca a "fragilidade" das mulheres. Apelando para a droga ou para a violência urbana, os crimes continuam crescendo sem esclarecimento, prevenção ou detenção dos autores.

* * *

No conjunto, o noticiário jornalístico é diversificado, abordando crimes que supõem interessar ao público, tenham ocorrido em pequenas cidades do interior de São Paulo, outros estados, capitais ou outros países. Noticiam o considerado inusitado, as rupturas aos consagrados valores morais e fatos tidos como aberrantes.

Há um recorrente cenário por trás do assassinato de mulheres. Comparando com o que já foi sobejamente relatado pela literatura histórica e pelas pesquisas sobre o tema, vê-se que se repetem as mesmas ações e aparentemente os mesmos motivos. A variação está na ampliação do rol de criminosos, que não inclui apenas o marido ou o "amante", mas todos os tipos de companheiros — noivos, namorados, ex-noivos, ex-namorados, ex-companheiros, entre outros.

Ainda no começo da década de 1990, estes réus, todos assassinos confessos, contavam com o beneplácito de alguns Júris e Juízes. Na medida em que se avança na década, uma nova atitude desponta, em decorrência, principalmente, da crescente exposição proporcionada pelos noticiários, que desvendam a enorme crueldade destes injustificáveis crimes. Manifestam-se reações e amplia-se a tendência da opinião pública em não mais aceitar pacificamente o assassinato de mulheres.

3. QUANDO A MULHER MATA

Infanticídio
Desde o Código Penal de 1940, o *infanticídio* é somente atribuído à mulher. Diz o artigo 123 que o crime consiste em: "Matar, sob a influência do estado puerperal, o próprio filho, durante o parto ou logo após" (Código Penal, 2000: 256).

No caso deste ato ser cometido pelo pai, padrasto, companheiro da mãe ou outrem o crime é denominado *homicídio* (culposo ou doloso).[25]

---

[25] Observa-se que há divergência doutrinária na questão da co-autoria ou partícipe do crime, sendo que há doutrinadores que entendem que estes cometem *homicídio*, pois o estado puerperal é uma condição psicológica inerente à mulher. Outros discordam, como afirma Junqueira, em face da

A lei pune a mãe com prisão de dois a seis anos. Embora explicado pelo chamado "estado puerperal", ele é considerado crime. Se forem outras as circunstâncias do assassinato, sendo o crime doloso ou culposo, homens e mulheres são tratadas igualmente pela lei, havendo um aumento de 1/3 da pena "se o crime for contra menor de 14 anos" (artigo 121, parágrafo 4º).

São relativamente poucos os estudos sobre depressão pósparto (Cruz, Simões, Faisal-Cury, 2005; Cheniaux, Corrêa, 2004), quando a parturiente apresentaria variações em seu comportamento habitual que podem se tornar agressivos, de rejeição, de sentimento de incompetência para com o recém-nascido e/ou com ela mesma. Razões de ordem psíquica ou hormonal explicariam este comportamento. Não se avalia, por exemplo, a total incapacidade econômica da mulher de cuidar de si e do recém-nascido, a terrível ameaça da perda de emprego, o abandono do companheiro, a recriminação social em casos de mães solteiras, a rejeição familiar, a solidão e inúmeros outros fatores que levam ao abandono da criança, a matá-la e, por vezes, ao suicídio. A sociedade, a mídia e os profissionais da saúde continuam a recorrer à imagem de "depressão pós-parto" *a posteriori* aos eventos funestos. Caso houvesse maior conhecimento das circunstâncias, os comportamentos agressivos poderiam ser prevenidos.

As notícias sobre infanticídio utilizam sempre uma linguagem que revela a surpresa causada pela ruptura do mito da "sublime" maternidade, questão que foi tratada magnificamente por Badinter (1980). A construção social da maternidade como um sentimento elevado, puro e altruísta vem do romantismo e, sobretudo, do século XIX. Esta representação variou no tempo, no espaço e conforme posições socioeconômicas e étnicas.

---

comunicabilidade das circunstâncias subjetivas quando elementares do crime (artigo 30 do Código Penal). Nestes casos, "é praticamente pacífico em nossa doutrina que devam responder, todos, por infanticídio" (Junqueira, 2004: 186).

No Brasil, na época da escravidão, as mães da camada branca e proprietária delegavam às escravas o aleitamento, assim prescindindo de uma das funções maternas contemporâneas. A política higienista do século XIX retirou das amas-de-leite negras a amamentação dos filhos brancos, em nome de uma suposta degenerescência da saúde. Como se o leite das escravas que tinham alimentado tantos filhos dos senhores brancos agora se tivesse tornado transmissor de doenças (Costa, 1983). Com isso, fortaleceu-se a relação mãe-filho, singularizando a maternidade como uma função estritamente feminina. Alijou-se a figura paterna e todas as tarefas e sentimentos que poderiam vincular o homem aos filhos. A mitificação do amor materno foi se consolidando através de inúmeros meios: a poesia, a instrução médica, a santificação da maternidade, a utopia de uma pacífica e altruísta relação mãe-filho.

Mas a realidade é outra.

A contradição entre o mito e o vivido é noticiada pelos jornais com estupefação, surpresa e repúdio aos casos fatais na relação das mães com os filhos e vice-versa.

Vejamos algumas notícias:

"Mãe estrangula recém-nascido na maternidade" (*FSP*, 30/5/1991: 4). Em pequena nota (5,5 x 10 cm) de página interna, a *Folha* noticia que em Solânea, "144 km a nordeste de João Pessoa", "a menor C.S.A., 15, estrangulou seu bebê quando entregue à mãe para ser amamentado". Ela "disse à Polícia que matou o filho porque não teria condições de criá-lo".

O jornal, de São Paulo e circulação nacional, destina espaço à notícia do infanticídio, fato sempre "chocante", embora ocorra desde tempos remotos no cenário brasileiro (Sohiet, 1999) e internacional. Romper com o mito da doce maternidade revelando atitudes maternas violentas continua causando impacto. A notícia, sem muitos detalhes, explica o gesto fatal pela pobreza da jovem mãe. Ignoram-se as circunstâncias que a levaram a este gesto: a maternidade precoce (engravidara aos 14 anos), as condições desta gravidez — consentida, estupro, incesto? Haveria um companheiro? Ela era alfabetizada? Quem a mantinha economicamente? Como iria sobreviver?

A ausência de uma análise profunda fortalece o mito deste suposto amor incondicional, ignorando o peso da realidade que leva ao gesto fatal.

Estas ocorrências não são esporádicas e se dão em pequenas ou grandes cidades brasileiras. Numa sociedade em que não há orientação sexual nas escolas, a sexualidade é exaltada em todos os meios de comunicação, as atrizes famosas são glorificadas quando engravidam com ou sem uniões estáveis, o aborto não é legalmente permitido (mas é praticado com enorme risco pelas mulheres sem recursos econômicos), e não se oferece nenhuma solução para situações de gravidez indesejada, algumas mulheres e jovens são levadas a atos desesperados de abandono da criança ou até mesmo ao crime.

Outras notícias se assemelham:

"MÃE AFOGA BEBÊ NO BALDE APÓS O PARTO" (*DP*, 2/2/ 1991): Dilma, mulher de 40 anos, matou a filha após o parto com medo de perder o emprego numa casa de fazenda, próxima ao bairro de Santo Amaro, São Paulo. O suposto pai não quis reconhecer a criança, diz a notícia.

"COZINHEIRA DÁ À LUZ E MATA FILHA A PONTAPÉS" (*DP*, 4/12/1991): mais um entre os inúmeros casos de mulher que não tem condições de manter mais um filho. Laurita conta que não tinha dinheiro para pagar um aborto, que o marido a abandonara, que "cozinho e lavo roupa para 15 pessoas, o que recebo não é suficiente para me manter" e ao filho de 8 anos.

"MÃE SE VINGA DA FILHA E MATA NETO RECÉM-NASCIDO" (*DP*, 19/9/1991): a filha de Marilene tinha 14 anos e manifestara, na escola, desejo de abortar. A diretora comunicou ao Juizado, que chamou Marilene. Incrédula, a mãe não tomou nenhuma providência, e quando o neto nasceu ela o matou.

Este é um triste exemplo da ação do serviço público que, ao invés de orientar e apresentar soluções alternativas para o grave problema da adolescente, obriga-a a ter o filho indesejado.

"Mulher asfixia filhos e se suicida com gás" (*DP*, 4/9/ 1991): problemas financeiros a levaram ao gesto fatal.

Na passagem do século o quadro não muda. Diz a manchete: "Mãe é acusada de matar filho de 12 dias" (*FSP*, 4/1/ 2000). Em Camaçari, Bahia, a "dona de casa Josiane Santana da Silva, 20 anos", foi presa acusada de matar por asfixia o filho de 12 dias. O motivo, segundo o Delegado de Polícia, foi a depressão pós-parto. A curta notícia "explica" que o ato foi uma conseqüência desta síndrome, que é constantemente utilizada em casos como este, ocultando suas circunstâncias.

A agressão de mães contra filhos/as não é tão rara como a maternidade idealizada faz supor. Veja-se a manchete seguinte: "Mãe é presa depois de atear fogo nas filhas por causa de R$ 5,00" (*OESP*, 12/9/2000). Neste caso, certamente não foi depressão pós-parto o fator que levou ao ato. Desobediência, pobreza, desespero e, sobretudo, a cultura da educação pela violência física, estão na origem desta trágica agressão.

Além da depressão pós-parto, as notícias brasileiras relacionam o infanticídio à reação das mulheres que sofriam violência ou abandono pelo companheiro, como podemos ver a seguir.

Homicidas

"Cansou de apanhar do marido" (*DP*, 23/11/1991): Silvia Eliane convivia com José Deosdete havia quatro anos, sempre sendo agredida por ele. Não prestava queixa por medo. Ele tinha ciúmes. Silvia Eliane contou que "apesar dos desentendimentos sempre gostou de José e nunca pretendeu matá-lo". Finalmente, no dia do crime, ele estava bêbado e se deitou para dormir. Ela deveria acordá-lo às 21h para que fosse ao trabalho; era vigia. Contrariado ao ser acordado, ele a espancou. Silvia o golpeou com uma faca por "três vezes: no braço, barriga e peito". Diz ela: "não estou arrependida, ao contrário, feliz, pois ele nunca mais vai espancar novamente uma mulher".

"Mulher mata durante briga e tenta enganar a polícia" (*DP*, 7/9/1991): Edilene contou a seguinte história à Polícia: estava almoçando quando "um gato subiu na mesa e roubou um pedaço de carne de Firmino que, com uma faca, tentou recuperá-lo... Mas tropeçou e caiu sobre a faca". Foi socorrido, mas morreu. Quando foi liberar o corpo, a Polícia desconfiou e ela confirmou tê-lo agredido. "Viviam juntos há cinco anos, período em que foi espancada por diversas vezes, chegando a perder dois filhos por causa das agressões que sofria". No dia do crime ele bebeu a manhã toda, fumou maconha e começou a bater nela. "Então decidi que meu sofrimento tinha que acabar; eu não agüentava mais apanhar."

A história inicialmente contada por Edilene à Polícia era tão ingênua que mereceria um estudo à parte.

Há notícias que revelam associação entre mãe e filha/o para assassinar marido ou pai violento. O *parricídio* não é incomum. Observa-se, depois de 2000, uma tendência a explicar este crime pela droga, televisão, cinema ou violência em geral. Contudo, este tipo de crime vem de muito longe.

"FILHA MANDA MATAR PAI E ALEGA AMOR" (*OESP*, 20/6/1991): este caso ocorreu na classe alta: a filha contratou três homens para matar o pai por 1,1 milhão. Neste parricídio, havia implicações relativas à herança.

No terceiro milênio a ocorrência de vários casos de parricídio e matricídio, fruto de drogas, amores contrariados ou outros motivos, ainda continuam a aparecer nos jornais como fatos inusitados. Veja-se os vários meses em que o caso de Suzane von Richthofen ou de Gil Rugai ocuparam a mídia. Suzane planejou e colaborou com o assassinato dos pais, ocorrido em 31 de outubro de 2002; Gil é acusado de matar o pai e a madrasta em um domingo, 28 de março de 2004. Os dois casos ocorreram em São Paulo, com pessoas de classe média alta.

Outros motivos levam tanto a mulher como o homem ao homicídio: são os latrocínios e crimes cometidos por autodefesa.

"EMPREGADA MATA PATROA" (*FSP, OESP* e *DP*, 4/6/1991): são casos de falsas empregadas, ladras que usam este subterfúgio para entrar em casas, roubar, seqüestrar e matar.

"Mulher que assassinou alemão queria recompensa" (*DP*, 23 e 24/11/1991): ela fazia parte de um bando de três pessoas e assassinou suposto nazista em busca de recompensa.

"Vendedora atira três vezes contra devedor" (*DP*, 5/5/1991): Rosane vendeu um barraco para Valdenir, que não pagou. Na discussão ela alega que Valdenir atirou primeiro. Foi sua forma de fazer justiça.

"Irmã de nissei golpeou moça com uma barra" (*OESP*, 4/6/1991); "Irmã de nissei preso no Japão está envolvida em crime" (*OESP*, 2/7/1991): a violência foi praticada por três pessoas contra uma funcionária que os ameaçava, pois tivera conhecimento de furto cometido pelo bando em um hotel onde trabalhavam. Chama atenção a insistência da mídia em apontar a característica étnica da suposta criminosa.

O exame de algumas manchetes de 2000 indica que se repetem as mesmas motivações do começo da década nos crimes cometidos por mulheres:

"PM mata o marido com sete tiros" (*FSP*, 28/2/2000). A PM não agüentava a violência do marido.

"Mulher mata marido após briga na noite de ano-novo" (*OESP*, 2/1/2000). Violência privada constante.

"Esteticista confessa que matou ex-marido a facadas" (*OESP*, 4/11/2000). Ela afirma que ele era "drogado".

Notícias de infanticídio
e de homicidas do exterior

As notícias publicadas narrando casos ocorridos no exterior ou se referem a brasileiros/as que não residem no Brasil ou são fatos "curiosos".

"Mãe assassina" (*DP*, 22/3/1991): trata-se de infanticídio ocorrido na Pensilvânia (EUA). Esta matéria ratifica a surpresa da ruptura do mito da maternidade idealizada inclusive no exterior.

"Brasileira explica a morte da filha Tina" (*OESP*, 7/11/1991): este caso foi noticiado por *FSP*, *OESP* e *DP*. O *Estado de S. Paulo* publicou várias matérias desde 7 até 20 de novembro, ilustrando-as com fotos coloridas. Em 20 de novembro, os pais de Tina foram condenados à morte. O motivo do crime: Tina foi morta pelos pais pois travara amizade com colegas de escola. A família brasileira vivia nos Estados Unidos. Proibida pela religião muçulmana de eventualmente se casar com alguém de outra religião, Tina não podia nem mesmo ter amizades com rapazes não escolhidos pelos pais. Como os desobedeceu, foi morta por eles.

"MULHER MANDA MATAR MÃE DA RIVAL DA FILHA" (*OESP*, 5/9/1991): o caso se passou em Houston, EUA. A imprensa foi buscar um crime "inusitado", supostamente praticado contra uma concorrente da filha.

"PROFESSORA DOS EUA PEGA PRISÃO PERPÉTUA" (*OESP*, *FSP* e *DP*, 23/3/1991): o fato que parece ter atraído a mídia consistia na diferença de idade entre a mandante do crime, uma professora, e seu aluno de 15 anos, autor do assassinato do marido dela. Suas armas para conquistar o rapaz, diz o jornal, foram "relações sexuais especiais". Ao descrever a mandante, informam seu péssimo caráter, pois ela é "fascinada por música heavy metal" e sonhava "ser estrela do mais cruel estilo policial". Ironicamente, o sexo e a preferência musical são argumentos que agravariam a situação da mulher, que desejava os 140 mil dólares de seguro de vida do marido.

"MULHER SEQÜESTRA ÔNIBUS NOS EUA, MATA PASSAGEIRO E É PRESA PELA SWAT" (*FSP*, 17/5/1991): mais uma notícia do exterior, de Santa Monica, EUA. A SWAT lançou gás lacrimogêneo e depois matou a seqüestradora. Aparentemente ela sofria das faculdades mentais. O jornal observa que a SWAT é "modelo para polícias de países em desenvolvimento".

"JUSTIÇA DA AUSTRÁLIA CONDENA MULHER VAMPIRA" (*OESP*, 2/2/1991): acusada de matar para beber o sangue da vítima, juntamente com duas amigas, em rituais satânicos, esta notícia deve sua publicação ao inusitado (ou apenas para preencher espaço no jornal).

De modo geral, nas notícias relativas às mulheres homicidas observam-se três óticas:

Em primeiro lugar alguns jornais adotam um claro julgamento moral da autora, desqualificando-a, atribuindo "antigos" preconceitos, acusando-a de superficialidade e oportunismo.

Uma segunda ótica se destaca nas notícias que, em algumas linhas, com pouca informação e desatentas às razões do crime, concluem *a priori* que se trata de uma mulher desequilibrada, fria e movida por ódios incontidos.

Finalmente, uma terceira ótica emerge nos textos que aprofundam a investigação das razões dos comportamentos femininos violentos, sem adotar julgamento moral ou desqualificar a criminosa. Constituem, assim, a *nova tendência* que emerge no noticiário da imprensa.

ESTUPROS E LINCHAMENTOS

Notícias de 2000 explicitam a revolta da população, que agride e tenta (por vezes consegue) linchar agressores de mulheres e estupradores, sobretudo de crianças. Embora reações violentas tivessem ocorrido no passado, houve uma mudança radical: a antiga aceitação do direito masculino à violação e da culpabilização da vítima deram lugar ao noticiário de explícita revolta popular contra estupradores. Se a Polícia não chega a tempo, são mortos pela população.

Em alguns programas de televisão, o apresentador, ao narrar os casos de estupro, demonstra forte repulsa e costuma "lembrar com grande satisfação" o que acontece aos estupradores na carceragem (são sabidamente estuprados por outros presos).

O repúdio, em casos de estupro, tem facilitado que a vítima ou sua família procurem denunciá-los. Há uma total insatisfação com a frágil punição legal: a população manifesta que penas mais severas e imediatas deveriam ser adotadas. E enquanto isso não acontece ocorre, não raro, "a justiça é feita com as próprias mãos".

* * *

Em síntese, homens e mulheres matam companheiras ou companheiros por ciúme, sob efeito de bebida e drogas, por terem incorporado um modo de vida violento. Não há diálogo — estes e estas homicidas são movidos por vingança, sentimento de propriedade, e pela total ausência de serviços policiais, jurídicos e psicológicos que lhes possam mostrar outras alternativas. Impera uma cultura de violência cada vez maior para resolver problemas afetivos e interpessoais.

A relação mãe e filha ou filho é completamente idealizada. Os sentimentos de revolta, injustiça, o modelo de educar pela violência e castigo, dificuldades econômicas de todos os tipos, doenças, a violência do companheiro, enfim, fatores que pressionam a vida cotidiana destas mulheres, levam-nas ao homicídio e ao infanticídio. Desprovidas de qualquer ajuda econômica, psicológica ou jurídica, elas acabam resolvendo os problemas do pior modo possível: através do crime.

4. POR QUE MULHERES E MENINAS SÃO ASSASSINADAS

A mídia escrita é heterogênea, o que impede uma análise completa dos dados publicados. Ainda assim, é possível ver tendências através da quantificação desses dados. É o que faremos a seguir.

As notícias informam mais de um motivo que levaria ao assassinato de mulheres e meninas, e os dados aparecem entrelaçados no noticiário.[26]

---

[26] No Quadro 3.1 os dados são apresentados separadamente, mas a análise os agrupa. Por exemplo: separação + vingança, ou separação + ciúme + vingança.

Quadro 3.1
MOTIVOS ALEGADOS PARA A TENTATIVA OU HOMICÍDIO CONFORME JORNAIS

Motivos	1991 (%)	2000 (%)
Separação	–	16
Vingança[1]	5	7
Ciúme, suspeita de adultério	12	12
Assalto, bala perdida	17	14
Tráfico de drogas, crime organizado[2]	9	18
Desequilíbrio mental	(2)*	(3)
Desentendimento[3]	4	5
Dificuldade financeira/Infanticídio	(3)	(3)
Estupro	5	(2)
Gravidez	(1)	(1)
Alcoolismo	(1)	–
Herança[4]	(1)	–
Motivos religiosos/Crime étnico	(3)	–
Violência policial	(2)	–
Outros	3	(3)
Não identificado	29	18
Total	(191) 100	(108) 100

[1] No item "Vingança", inclui-se: impotência sexual.

[2] No item "Crime organizado", incluem-se: queima de arquivo, pessoas relacionadas com o alvo do crime, testemunha.

[3] No item "Desentendimento", incluem-se: divisão de bens entre casal, cobrança de dívida, namoro de filhos adolescentes.

[4] No item "Herança", inclui-se: recebimento de seguro de vida da vítima.

* Os números absolutos estão entre parênteses.[27]

Violência urbana é entendida, aqui, como uso e tráfico de drogas, balas perdidas, assaltos, brigas de rua ou em locais de lazer, disputas entre vizinhos. Se concordarmos com essa reunião de motivos,[28] *a primeira causa quantitativa da morte de mulhe-*

---

[27] Este parâmetro será adotado em todas as tabelas daqui em diante.

[28] Como os dados estão apresentados separadamente, pode-se fazer outro tipo de combinação ou analisá-los individualmente.

res é decorrência da violência no meio urbano. Em 1991, foram 26% dos casos. Em 2000, a violência urbana subiu para 32% devido ao incremento de homicídios ligados às drogas, que dobraram de 9% para 18%. O uso e o mercado de drogas mudam o quadro da violência urbana. Mulheres e homens usuários são mortos por dívidas com traficantes, disputas entre quadrilhas, por se envolveram em grupos de consumo.

O barateamento da vida humana é cada vez maior. Razões das mais superficiais levam ao assassinato: basta um olhar mal interpretado, uma desavença num baile, uma palavra ou gesto, para que uma vida seja eliminada. Estes desencontros violentos, por vezes, se aliam à necessidade de afirmação da masculinidade, um fulminante desejo de vingança mesclado à vontade de se mostrar superior para o grupo. Uma arma "sempre" aparece e tiros são disparados. Fatos como estes são reconstituídos detalhadamente nos jornais e confirmados nos processos criminais que examinaremos no próximo capítulo.

Como violência urbana incluímos o assassinato de policiais, quase uma norma entre bandidos. É indiferente o sexo do/a policial, são igualmente mortos. A diferença pode ocorrer quanto à tortura, que no caso da mulher inclui a violência sexual.

A corporação policial, como grupo da sociedade, incorpora seus padrões. Policiais civis ou militares partilham dos mesmos valores que grande parte da população, e não é surpreendente assassinatos cometidos por eles ou elas motivados por ciúme, reação à violência no lar ou meras desconfianças.

SEPARAÇÃO, CIÚME E SUSPEITAS DE ADULTÉRIO
SÃO A SEGUNDA CAUSA DO ASSASSINATO DE MULHERES

Em 1991, 1 em cada 4 crimes era atribuído às tentativas de separação, ao ciúme, e a suspeitas de adultério, somados. Em 2000, estes mesmos motivos cresceram na proporção de 1 para cada 3 crimes (de 22% para 28%). Razões de ordem afetiva que levaram à reação fatal do companheiro estão na base de 50% dos casos noticiados.

Teria aumentado o número de crimes motivados por razões interpessoais ou é a imprensa que lhes dá maior atenção?

É inegável que, como há séculos, alguns homens continuam a matar as atuais ou ex-esposas, companheiras, namoradas, por não suportarem qualquer forma de separação. Apesar do enorme esforço do movimento feminista e de vários setores dos operadores do Direito em denunciar, este tipo de crime tem *aumentado*.

Os dados do SEADE (Quadro 1.1) já mostravam o crescimento na taxa de homicídio de mulheres (em 1990 foi 5,45; em 1995 passou a 7,32; e em 1999 foi para 8,27). Os jornais pesquisados completaram as informações do SEADE, revelando que, no homicídio de mulheres, às "razões afetivas" — ou de "ordem interpessoal" — se somam outras, como o desemprego masculino, a embriaguez, o machismo, levando ao ato fatal.

VELHOS E NOVOS MOTIVOS:
FILICÍDIO, POLÍTICA, INTERNET

Apesar do já referido espanto, o filicídio[29] cometido por pais ou mães não é raro no Brasil, nem em São Paulo. Em 1991, segundo os jornais, 8% das meninas mortas tinham menos de 10 anos. A porcentagem é quase igual em 2000: 7% tinham menos de 10 anos (Quadro 3.2).

Pais e mães nem sempre matam pelas mesmas razões. No caso das mães, o filicídio é atribuído, em geral, a dificuldades econômicas, abandono pelo pai da criança, à chamada depressão pós-parto, vingança contra o companheiro, entre outras. No caso dos homens, o filicídio aparece associado à vingança contra a mulher: um homem abandonado não se contenta em se vingar daquela que o abandonou, mata também seus filhos. A embriaguez concorre para este tipo de violência.

---

[29] Uso *filicídio* para indicar o assassinato de crianças cometido pelo pai ou pela mãe. O termo *infanticídio*, como vimos, só é aplicado pelo Código Penal Brasileiro à mãe puérpera.

Quadro 3.2
IDADE DAS VÍTIMAS CONFORME JORNAIS

Faixas de idade	1991 (%)	2000 (%)
0 a 10 anos	8	7
11 a 14 anos	4	5
15 a 17 anos	5	9
18 a 21 anos	10	9
22 a 30 anos	28	18
31 a 40 anos	18	22
41 a 50 anos	11	8
51 a 60 anos	4	(3)
61 a 70 anos	3	(3)
Acima de 70 anos	0	5
Desconhecida	9	12
Total	(191) 100	(103) 100

O filicídio causa extraordinário impacto na opinião pública. Analisando o noticiário de O *Estado de S. Paulo* (25/4/2003), encontramos, numa mesma página, três notícias de homicídio e tentativa relacionados a mulheres:

"MÃE ACUSADA DE TENTAR MATAR FILHOS DEIXA A PRISÃO". É manchete que ocupa toda a largura da página, em letras de grande tamanho. A matéria é detalhada e contém fotos. Ao lado, há duas outras notícias de pequeno formato (5 x 8 cm):

"VEREADORA DA PARAÍBA É EXECUTADA COM 11 TIROS EM EMBOSCADA". "A vereadora Aila Maria Lacerda foi vítima de uma emboscada, quando três homens lhe deram 11 tiros. Os suspeitos foram detidos; a vereadora seria candidata a prefeita em 2004".

"ENCONTRO MARCADO PELA INTERNET ACABA EM ASSASSINATO", enuncia a manchete do terceiro crime, em letras de pequeno formato. Diz a notícia que a estudante de jornalismo Josiane Santos, de 23 anos, marcou um encontro pela internet com Emerson Santos, ex-sargento da PM. Ele e ela levaram outro/a colega. "Após uma discussão, Santos matou Josiane."

Os jornais na passagem para o século XXI

Das três notícias (uma sobre filicídio, outra sobre o assassinato de uma política, e a terceira ligada a encontros marcados através da internet), é a do filicídio, tão antigo e não tão raro, a que mais fere o público, e por isso, ocupa maior espaço. A ruptura da idealização da conduta materna causa sempre forte reação, como já vimos, resultando em notícias de maior envergadura.

Do mesmo modo, causa sempre espanto quando filhos/as e netos/as matam mães ou avós. Constantemente, afirma-se que "hoje" isto acontece por causa das drogas, do efeito da televisão, da falta de estrutura da família, quando, efetivamente, este tipo de homicídio vem de longa data, motivado por rancores familiares, conflitos profundos de comportamento, vingança, momentos de ódio, dinheiro, herança, sentimento de honra etc.

As outras duas notícias têm menor destaque para a mídia e para o público. A morte da vereadora revela, como já apontamos, uma *perversa igualdade* entre homens e mulheres no campo da disputa política; os mesmos artifícios para barrar a concorrência valem para homens e mulheres. As mulheres sofrem as mesmas pressões e atos violentos que os homens por parte de concorrentes políticos. Aila não foi a primeira nem a última política vítima de homicídio.

Quanto à internet, a moderna maneira de facilitar aproximação entre desconhecidos concorre com antigos padrões de relacionamento social. O novo é tido como "perigoso". O destaque dado pela imprensa às mortes, estupros e raptos ligados a encontros programados com desconhecidos vem reforçar este temor. A rede permite substituir, parcialmente, os conhecimentos via relações familiares, de trabalho ou vizinhança. A desconfiança diante do desconhecido confunde-se com a tecnologia, mas é a substituição dos antigos e conhecidos laços que estão sendo rompidos que causam temor.

Estupro seguido de morte

Em 1991, foram 5% os casos de estupro e morte. Em 2000, apenas 2%. Certamente, estes números não expressam a realidade, mas é possível que a imprensa tenha se sensibilizado mais com outros casos. As notícias não contêm informações suficientes. Se a vítima é de classe social alta, como já vimos, a imprensa se debruça sobre o crime por vários dias. Não é o que acontece com jovens das classes média baixa ou trabalhadora, quando não há a mesma persistência na busca dos autores.[30] Os próprios laudos feitos no Instituto Médico Legal, nos casos de homicídio de mulheres, nem sempre contêm informações sobre o possível estupro ou gravidez da vítima etc. (ver capítulos 6 e 7).

Os poucos dados disponíveis mostram que estupradores matam porque não querem ser reconhecidos, ou porque matar completa o quadro da própria violência sexual. Este tipo de crime mereceria uma investigação específica.

5. PERFIL DE VÍTIMAS E AGRESSORES

A MAIORIA DAS VÍTIMAS É DE ADULTAS JOVENS

A mídia escrita é um bom instrumento para aferir valores, hábitos e opiniões de diferentes camadas da sociedade. Ela traz elementos que permitem traçar, embora com lacunas e imprecisões, o *perfil atribuído às vítimas e agressores/as*.

Em 1991, vítimas e agressores tinham entre 22 e 30 anos. Entre as vítimas, 3 em cada 10 estavam dentro desta faixa etária. Em 2000, elas eram um pouco mais velhas, predominavam na faixa dos 31 aos 40 anos (Quadros 3.2 e 3.3).

---

[30] No *Jornal da Tarde*, Thélio Magalhães escreve: "Estado foi negligente no caso Maníaco do Parque", informando que "a juíza Adriana Sachida Garcia, da 2ª Vara da Fazenda Pública, reconheceu que a polícia de São Paulo conduziu com descaso as investigações sobre a morte de Isadora... Isadora foi provavelmente a segunda vítima entre as dez mulheres mortas por estrangulamento... Sua carreira de crimes [do Maníaco] poderia ter sido interrompida ainda no começo, em 16 de fevereiro de 1998, quando a polícia teve o assassino em suas mãos" (*Jornal da Tarde*, 27/11/2001).

Destaque-se que 12% das vítimas são *crianças* com idade que varia entre poucos meses e 14 anos, nos dois períodos investigados. Em geral, são filhos/as das vítimas e/ou dos agressores. A fúria com que atacam as mulheres não se limita a elas, como já vimos; atinge deliberadamente crianças e demais pessoas que se envolvam com ela. Esta forma de violência também decorre da agressão de mulheres.

As agressoras são mais jovens que os homens agressores, tanto em 1991 como na virada do século (Quadro 3.3).

Quadro 3.3
IDADE DOS/AS AGRESSORES/AS SEGUNDO O SEXO
CONFORME JORNAIS

Idade	Feminino		Masculino	
	1991 (%)	2000 (%)	1991 (%)	2000 (%)
Até 17 anos	(3)	–	5	(2)
18-21 anos	(4)	(1)	14	(3)
22-30 anos	32	(4)	19	16
31-40 anos	20	(1)	14	24
41-50 anos	12	–	6	(4)
51-60 anos	(1)	–	5	(3)
61-70 anos	–	–	(2)	(2)
Mais de 70 anos	–	–	–	–
Não identificada	17	(1)	36	32
Total	(41) 100	(7) 100	(154) 100	(50) 100

Os agressores matam companheiras, filhas, filhos, e quem intervier para impedi-los.

Os jornais destacam, cada vez com maior freqüência, a violência entre o homem e a mulher. Casados, companheiros, em união estável ou não, no domicílio ou fora dele, as notícias revelam toda a extensão do crime.

Em 5% dos casos, filhos/as e enteadas/os são atingidas/os, assim como demais parentes próximos. O grau de parentesco varia muito, e o texto das notícias mostrou que a intervenção ou a mera presença na cena da violência pode levar o agressor a atacar outras pessoas que tentem proteger a agredida.

Em caso de agressão entre vizinhos, há uma grande variedade de desavenças que, por vezes, se superpõem a rompimentos de namoro, ciúmes e abuso sexual.

O Quadro 3.4 detalha a multiplicidade dos relacionamentos entre vítima e agressor.

Quadro 3.4
RELAÇÃO DA VÍTIMA COM O AGRESSOR
CONFORME JORNAIS

Relação	1991 (%)	2000 (%)
"Amante"	(1)	(1)
Avó	–	(1)
Companheira	4	(1)
Conhecida	(2)	(1)
Cunhada	(1)	–
Enteada	–	(4)
Esposa	13	9
Ex-companheira	3	–
Ex-cunhada	–	(2)
Ex-esposa	6	6
Ex-namorada	(3)	5
Ex-noiva	(1)	–
Ex-sogra	–	(2)
Filha	5	5
Irmã	(2)	(1)
Mãe	(2)	(4)
Namorada	3	(2)
Neta	(1)	–
Prima	(3)	–
Sogra*	(2)	(1)
Tia	–	(2)
Vizinha	(2)	–
Nenhuma	33	–
Sem informação	24	54
Total	(191) 100	(108) 100

* No item "Sogra" são incluídas sogra do irmão e mãe de ex-namorada.

São agredidas esposas, ex-esposas, companheiras, ex-companheiras, filhas, filhos e outros parentes. Observa-se que em 24% (1991) e 50% (2000) dos casos, os jornais não informam quais as relações existentes entre vítimas e agressores.

HOMENS CASADOS TÊM RELAÇÕES VIOLENTAS
COM ESPOSAS OU OUTRAS MULHERES
COM QUEM MANTIVERAM VÍNCULOS AFETIVOS

Homens e mulheres casados predominam entre os que têm uma relação violenta chegando ao crime. As mulheres casadas são as maiores vítimas, seguidas das solteiras (Quadros 3.5 e 3.6). Paradoxalmente, apesar de todas as denúncias, o panorama tende a se agravar na passagem do século.

Quadro 3.5
ESTADO CIVIL DOS/AS AGRESSORES/AS
CONFORME JORNAIS

Estado civil	Feminino		Masculino	
	1991 (%)	2000 (%)	1991 (%)	2000 (%)
Casado/a	29	(3)	21	26
Companheiro/a	(4)	–	6	(1)
Solteiro/a	(1)	(1)	6	(3)
Separado/a	(3)	(1)	10	(2)
Divorciado/a	–	–	–	(3)
Viúvo/a	(1)	–	–	–
Não é o caso	–	–	(1)	–
Não identificado	49	(2)	56	56
Total	(41) 100	(7) 100	(154) 100	(50) 100

Mulheres vítimas vivem com homens que as agridem continuamente. O ato de matar independe do vínculo formal de casamento ou da presença de prole. Impulsionados ao crime, os agressores ignoram outras circunstâncias: cerca de uma em cada três mulheres vítimas tem filhos (Quadro 3.7).

Quadro 3.6
ESTADO CIVIL DAS VÍTIMAS CONFORME JORNAIS

Estado civil	1991 (%)	2000 (%)
Solteiras	13	16
Casadas	25	22
Divorciadas	–	(1)
Separadas	9	(3)
Companheiras	7	(2)
Viúvas	(4)	–
Não é o caso	10	12
Não identificado	34	46
Total	(191) 100	(108) 100

Quadro 3.7
AS VÍTIMAS TINHAM FILHOS/AS?
CONFORME JORNAIS

Filhos/as	1991 (%)	2000 (%)
Sim	29	28
Não	5	7
Não é o caso	10	12
Não identificados	56	53
Total	(191) 100	(108) 100

MULHERES SÃO ASSASSINADAS
EM TODAS AS CLASSES SOCIAIS

A leitura dos números deve ser crítica. As notícias relativas à camada alta são em pequena proporção se comparadas à baixa. Esta dimensão decorre mais do tamanho da camada baixa e não da freqüência com que ocorrem os crimes. Os assassinatos de mulheres por homens e as tentativas de cometê-los ocorrem em todas as classes sociais. Um crime, por sua vez, que aconteça na camada alta, tem um significado *proporcionalmente* mais elevado, dado o tamanho diminuto da mesma (1% da população).

Entre os fatores que fazem parecer que a violência é própria da camada baixa está o ocultamento dos crimes pela camada alta, que recorre a advogados de renome e com habilidade. Criminosos com condições econômicas e sociais mais elevadas podem fugir ao flagrante e até mesmo desaparecer, auxiliados por advogados, clínicas de saúde ou amigos influentes.

O mesmo não acontece com as vítimas: 5% delas trabalhavam em atividades de nível universitário (Quadro 3.8), seja no começo da década ou no ano 2000. Analiticamente, os dados desmentem a visão estereotipada de que a violência contra a mulher só existe entre os mais pobres e menos escolarizados.

Quadro 3.8
GRUPOS DE ATIVIDADE ECONÔMICA DAS VÍTIMAS
CONFORME JORNAIS

Grupos de atividade	1991 (%)	2000 (%)
Atividades não qualificadas	19	7
Atividades qualificadas	14	14
Atividades de nível universitário	5	5
Estudantes	8	5
Atividades domésticas	7	8
Não é o caso	9	12
Não identificados	38	49
Total	(211) 100	(108) 100

Atividades não qualificadas: não exigem qualificação técnica ou educacional (exemplo: doméstica, operária).

Atividades qualificadas: exigem qualificação técnica ou educacional (exemplo: auxiliar de escritório, auxiliar de enfermagem).

Atividades de nível universitário: exigem ensino superior (exemplo: advogada, jornalista).

Estudantes: engloba estudantes de qualquer nível educacional.

Atividades domésticas: atividades de caráter doméstico sem remuneração (exemplo: dona de casa).

Não é o caso: vítimas recém-nascidas e crianças.

Dentre as vítimas cuja atividade econômica é conhecida, 38% (1991) e 26% (2000) trabalhavam. Apenas 7% e 8%, respectivamente, eram donas de casa. Este dado se contrapõe à visão feminista de que o trabalho, permitindo independência econômica da mulher, facilitar-lhe-ia a separação de um companheiro, podendo se manter sem ele e evitar ser agredida. O trabalho remunerado da mulher, por si só, não constitui barreira à agressão.

MULHERES SÃO ASSASSINADAS
COM ARMAS PERVERSAS

Quadro 3.9
ARMAS UTILIZADAS CONFORME JORNAIS

Armas utilizadas	1991 (%)	2000 (%)
Arma de fogo	50	60
Faca	19	10
Estrangulamento	8	(4)
Espancamento	3	(2)
Tesoura	(4)	–
Fogo	(3)	(2)
Martelo	(3)	(1)
Asfixia	–	(3)
Ácido	(2)	–
Marreta	(2)	6
Pedaço de pau	(2)	(1)
Talhadeira	(1)	–
Picareta	(1)	–
Tijolo	(1)	–
Bloco de concreto	(1)	(1)
Afogamento	(1)	–
Atropelamento	(1)	–
Queda	(1)	–
Não identificadas	8	11
Total	(191) 100	(103) 100

Na metade dos casos, as principais armas utilizadas são as de fogo (revólveres, pistolas, espingardas, metralhadoras e escopetas). Na outra metade, os instrumentos revelam mais do que a intenção de eliminar a companheira: a vontade de violentá-la com crueldade. Utilizaram-se de meios como talhadeira, picareta, tijolo, marreta, fogo, afogamento e asfixia.

Os jornais na passagem para o século XXI

6. VIOLÊNCIA DOMÉSTICA

Cerca de 44% dos crimes são cometidos na própria moradia da vítima. O dado confirma o que pesquisas realizadas por Maria Amélia Azevedo (1985), Lourdes Bandeira (1998) e tantas outras já demonstraram: o "lar" não é nenhum santuário de proteção.

Atravessada a porta da casa, foram diagnosticadas formas de violência como a agressão contra crianças e idosos. Mas restringir o olhar ao ambiente doméstico significa encobrir a violência que ocorre em outros lugares. Em cada 10 casos, *6 crimes ocorreram em outro local: na rua, no trabalho, em área de lazer, numa festa, num baile...*

O conceito de violência doméstica é muito útil para chamar a atenção sobre a violência no interior da casa, porém desconsidera outros espaços em que ocorre a violência nas relações sociais de gênero (Quadro 3.10).

Quadro 3.10
LOCAL DO CRIME CONFORME JORNAIS

Local	1991 (%)	2000 (%)
Domicílio	43	44
Local de trabalho	7	(3)
Rua	23	28
Outros	17	14
Não identificado	10	10
Total	(211) 100	(108) 100

UM EM CADA QUATRO HOMICÍDIOS
OCORREU NA RUA

No caso dos crimes interpessoais ou afetivos, o assassino persegue a mulher em seu trabalho ou qualquer outro local. Nestes casos, ele não procura se esconder — até parece desejar que o crime seja testemunhado —, embora fuja depois de cometê-lo.

OS CRIMES OCORREM TODOS OS DIAS, ESPECIALMENTE À NOITE OU DE MADRUGADA

Como mostrou Bandeira (1998), em qualquer dia podem ocorrer, e ocorrem, homicídios de mulheres; noites e madrugadas são os horários mais freqüentes (ver Quadros 3.11 e 3.12).

Quadro 3.11
DIA DA SEMANA EM QUE O CRIME FOI COMETIDO
CONFORME JORNAIS

Dia da semana	1991 (%)	2000 (%)
Domingo	12	16
Segunda	11	15
Terça	13	6
Quarta	9	16
Quinta	14	14
Sexta	10	6
Sábado	11	7
Não identificado	19	20
Total	(211) 100	(108) 100

Quadro 3.12
HORÁRIO DO CRIME CONFORME JORNAIS

Horário do crime	1991 (%)	2000 (%)
Manhã	11	(3)
Tarde	10	6
Noite	32	28
Madrugada	15	19
Não identificado	32	43
Total	(211) 100	(108) 100

Manhã: entre 6h e 11h59.
Tarde: entre 12h e 17h59.
Noite: entre 18h e 23h59.
Madrugada: entre 24h e 5h59.

7. VERTENTES IDEOLÓGICAS DO NOTICIÁRIO

Comparativamente, são em pequeno número as notícias de mulheres agressoras publicadas pela mídia (em 1991 eram 41, e em 2000 foram 7). Contudo, quando é a mulher que mata ou tenta fazê-lo, há maior destaque na informação e não faltam "autoridades" que imediatamente afirmam: "elas são terríveis, estão se tornando cada vez mais criminosas"; "quando brigam, têm mais sangue-frio do que os homens"; "as mulheres estão tendo mais coragem de matar e premeditar um crime".[31] Manchetes também apontam o suposto crescimento de mulheres no crime, carecendo de dados quantitativos.

Em "Assassinadas e não assassinas",[32] apontei que noticiar o assassinato de mulheres se tornou corriqueiro; o tema não causa mais surpresa, entrou no rol da violência esperada. O "inusitado", a suposta inversão de papéis — de vítimas as mulheres estariam se tornando agressoras — é que mereceu destaque em alguns jornais. O crescimento do número de mulheres assassinas de 1998 para 1999 passou de 2% para 3% (*OESP*, 18/9/1999, C5), decorrente do envolvimento de mulheres no tráfico de drogas. Uma policial entrevistada "explicava" que as mulheres eram induzidas pela remuneração em "dinheiro, jóias, roupas de grife, drogas...". Nestas apressadas conclusões, ela reproduzia uma imagem de mulher facilmente manipulável, infantil e volúvel. Ignorava os motivos que a própria imprensa estampava como provocação para o ato homicida: defender a própria vida, defender filhas e filhos.

É claro que não se ignora que as mulheres também entram para o mundo do crime, mas desconsiderar as condições de vio-

---

[31] *IstoÉ*, 16/9/2000: 9-13. Frase pronunciada, segundo a revista, pela delegada de polícia Elisabete Ferreira Sato.

[32] Artigo publicado no *Jornal da USP*, em novembro de 2000, e no *Qualidade de Vida*, órgão da ESALQ (ano 2, n° 17, outubro de 2000).

lência e até terror em que muitas vivem indica a reprodução acrítica da imagem da mulher "fatal, diabólica, perniciosa, cheia de vícios", tão longamente cultivada por algumas religiões e romancistas.

Como contraponto a esta visão conservadora, observaram-se claras mudanças no conteúdo da mídia escrita na última década do século XX. O conteúdo do noticiário mostra uma clara tendência de mudança na linguagem. Até a década de 1980, as vítimas eram apresentadas como causadoras de sua própria morte e havia um visível apoio aos assassinos — que seriam "levados" ao crime pela suposta conduta infiel da mulher, por ela querer romper um relacionamento, ser desobediente, descuidar da casa ou da comida. Na última década do século XX, o noticiário se tornou mais investigativo, relativamente neutro e com tendência a questionar julgamentos que facilitavam a fuga dos réus.

Como a violência fatal ocorre em todas as camadas sociais, ela não é um problema de classe; é antes uma questão de valores culturais hierárquicos de gênero.

Na virada do século, as notícias revelam um número crescente de homicídios de adolescentes, de ambos os sexos, e a respectiva fuga dos homicidas. Os casos antigos e sempre causadores de espanto — mães que matam filhos ou vice-versa — continuam a ocorrer. São problemas que esperam por uma análise específica e profunda, menos ideologizada, e que devem ser tratados por políticas públicas que atendam a este tipo de violência.

4.
A POLÍCIA E O ASSASSINATO DE MULHERES

1. O ASSASSINATO DE MULHERES NOS BOLETINS DE OCORRÊNCIA

BOLETINS DE OCORRÊNCIA:
O PRIMEIRO PASSO DA INVESTIGAÇÃO

Crimes contra a vida devem ser informados às Delegacias de Polícia, que os registram em Boletins de Ocorrência (BOs). Quando uma mulher é assassinada, o caso é registrado desta forma, uma vez que as Delegacias de Defesa da Mulher não tinham, até 1996, atribuição legal para fazê-lo. Embora legalmente as DDMs agora possam registrar homicídios de mulheres de autoria conhecida, na prática este procedimento continuou se dando junto às delegacias gerais.

A Secretaria de Segurança recebe cópia de todos os BOs, mas, ao divulgar suas análises estatísticas, *não* informa o sexo da vítima, o que provoca enorme dificuldade para o conhecimento dos fatos e indica a *desimportância dada pelo Estado* às relações de gênero. A ótica predominante é essencialmente a masculina. Mesmo considerando que é muitíssimo mais elevado o número de casos envolvendo homens, não se justifica a omissão da divulgação dos casos com mulheres.

Foi um longo e penoso trabalho separar manualmente, dentre os milhares de BOs de 1998, aqueles em que havia vítimas femininas.[33]

---

[33] 1998 era o ano mais recente e disponível para investigação.

Fizemos um levantamento de todos os BOs de 1998, referentes ao Município de São Paulo e arquivados na Secretaria de Segurança Pública do Estado, em que havia mulheres envolvidas, seja como vítimas ou agressoras. Resultou um total de 623 ocorrências com 964 vítimas. Destas, 669 (285 homicídios e 384 tentativas) se referiam a vítimas femininas e 294 a masculinas (e uma sem identificação de sexo). Desmentindo expectativa que nós, leigos em registros policiais, temos, os BOs nem sempre trazem todas as indicações esperadas que possibilitem traçar um quadro completo sobre as vítimas e agressores/as.

Quadro BO-1
SEXO DE VÍTIMAS E AGRESSORES/AS
EM CASOS DE TENTATIVA E HOMICÍDIO CONSUMADO
NOS BOs DO MUNICÍPIO DE SÃO PAULO EM 1998*

| | Sexo da vítima | | | | |
| | Feminino | | Masculino | | |
Sexo do/a agressor/a	Homicídio (%)	Tentativa (%)	Homicídio (%)	Tentativa (%)	Total
Desconhecido	(212) 75	(197) 51	(92) 77	(127) 73	628
Feminino	(4) 1	(19) 5	(10) 8	(20) 12	53
Masculino	(69) 4	(168) 44	(19) 15	(26) 15	282
Total	(285) 100	(384) 100	(121) 100	(173) 100	963
Total	669		294**		963

* Entre parênteses, neste e nos demais quadros, está o número absoluto de casos.

** Um caso de sexo desconhecido.

Os BOs são parte fundamental para a elucidação do crime, mas, infelizmente, são muito concisos, por vezes incompletos, o que dificulta o trabalho da investigação policial e, para o presente estudo, a organização sistemática das informações.

Levando em conta estas lacunas, fizemos uma caracterização das vítimas e agressores/as do ponto de vista etário, étnico, profissional, socioeconômico, educacional e das relações interpessoais entre vítimas e agressores/as. Traçamos também a caracterização da agressão. Embora tenhamos mantido separadamente os homicídios das tentativas de homicídio, consideramos que podem ser somados, pois mesmo sendo juridicamente distintos, na vida social são semelhantes — as tentativas só não alcançam o objetivo fatal por razões meramente circunstanciais. Isso se constata em alguns BOs tomados aleatoriamente:

"... o indiciado tentou contra a vida da vítima, sendo certo que apontou e acionou por duas vezes o revólver que portava, o qual não veio a disparar, picotando os dois projéteis que municiava o tambor."

"A Polícia Militar encontrou Fernanda Paula... chorando, dizendo ter sido agredida pela genitora quando tentou socorrer o pai; a mãe havia desferido um golpe de faca no pescoço de seu genitor... sangrando bastante na região do pescoço. Ela usou uma faca de cozinha e um prendedor de cabelo para atacá-lo. José Ubiratan foi operado."

"João tentou matar Camila com golpes de tesoura. Camila tem um filho com o indiciado e com ele vive maritalmente. Ele fugiu."

"Wilson e Joanete viveram juntos 13 anos, tiveram dois filhos, com 10 e 11 anos no momento em que eles se separaram, mas continuaram a viver na mesma casa. A separação já durava três meses. Patrícia, outra filha de Joanete, de casamento anterior, foi apartar uma briga do casal e levou uma facada no rosto, logo abaixo do olho esquerdo. A mãe, com medo, disse Patrícia, acabou jogando-se pela janela do quarto. Foi socorrida por populares e encontra-se em estado grave no Hospital."

"... um indivíduo conhecido como 'chupa cabra' efetuou cinco disparos de arma de fogo contra a vítima, dos quais nenhum lhe atingiu. A vítima esclareceu que este indivíduo é o mesmo que matou seu filho no dia 30/7/1998."

"Mauro Luiz tentou matar Maria Helena jogando-a em direção à pista da Avenida Ruben Berta. O condutor de um ônibus da Polícia Militar conseguiu frear o veículo e outro PM com muita dificuldade deteve o indiciado; foi necessária a ajuda de outros policiais, pois o indiciado estava muito alterado."

2. SÃO OS HOMENS OS QUE MAIS AGRIDEM

Os Boletins de Ocorrência não apontam, em 2/3 dos casos, quem são os/as agressores/as. Eventualmente, com o prosseguimento das investigações, eles serão descobertos. Entre os identificados, quando a vítima é mulher, mais de 90% dos agressores são homens (Quadro BO-1).

No Quadro BO-2, a seguir, apresentaremos os casos em que foi possível conhecer, concomitantemente, o sexo da vítima e o do/a agressor/a.

Quadro BO-2
IDENTIFICAÇÃO DO SEXO DE VÍTIMAS E AGRESSORES/AS
NAS TENTATIVAS E HOMICÍDIOS CONSUMADOS
NOS BOs DO MUNICÍPIO DE SÃO PAULO EM 1998

| | Sexo da vítima | | Total de agressores/as |
| | Feminino | Masculino | |
Sexo do/a agressor/a	(%)	(%)	(%)
Desconhecido	62	75	46
Feminino	3	10	9
Masculino	35	15	45
Total de vítimas	(669) 100	(294) 100	(623) 100

Em 1998, nos BOs levantados houve 669 pessoas do sexo feminino vítimas de tentativa ou homicídios consumados e 294 do sexo masculino (neste último caso sempre havia uma mulher envolvida, seja como vítima ou agressora).

As circunstâncias do crime nem sempre estão descritas nos BOs, o que pode ser eventualmente conseguido com o prosseguimento da investigação. De modo geral, eles contêm informações sobre a pessoa ou pessoas envolvidas, o local onde ocorreu o fato, nomes de eventuais testemunhas e informações resumidas das circunstâncias que envolveram a ocorrência. Elementos mais detalhados, constatados pela Polícia Técnica e pelos legistas, fazem parte dos processos criminais posteriormente elaborados.

3. COR E CRIME: AS VÍTIMAS SÃO PREDOMINANTEMENTE BRANCAS

Entre as mulheres vítimas de homicídio ou tentativa de homicídio predominam as de cor branca (Quadro BO-3). Estas constituem o dobro da soma de mulheres negras e pardas: em cada 10 agredidas, 6 são brancas, 1 é negra e 3 são pardas. Este dado desfaz a visão preconceituosa que previamente atribui os casos de agressão à comunidade negra.

Quadro BO-3
VÍTIMAS MULHERES SEGUNDO A COR
E TIPO DE OCORRÊNCIA
NOS BOs DO MUNICÍPIO DE SÃO PAULO EM 1998

Natureza da ocorrência	Cor das vítimas (%)				
	Não informado	Branca	Negra	Parda	Total
Homicídio	2	57	10	31	(285) 100
Tentativa	1	65	6	28	(384) 100
Total	1	62	7	30	(669) 100

4. A MAIORIA DAS VÍTIMAS ERA ALFABETIZADA E TRABALHAVA REMUNERADAMENTE

Não é entre as analfabetas que predomina a agressão. As vítimas são, na maioria, mulheres com alfabetização de nível primário (até o 4º ano do Ensino Fundamental). As de nível secundário somam mais do que as analfabetas, e cerca de 3% têm nível universitário (Quadro BO-4).

Quadro BO-4
ESCOLARIDADE DAS MULHERES VÍTIMAS
NOS BOs DO MUNICÍPIO DE SÃO PAULO EM 1998

Natureza da ocorrência	Escolaridade das vítimas (%)						
	Analfabeto	Primário	Secundário	Universitário	Subtotal	Desconhecido	Total
Homicídio	8	79	12	1	(148)	48	(285)
Tentativa	8	71	16	4	(273)	29	(384)
Total	8	74	14	3	(421)	37	(669)

Observou-se que *uma em cada três assassinadas trabalhava remuneradamente*. Entre as que escaparam (eventualmente) com vida, *metade trabalhava* (Quadro BO-5).

Quadro BO-5
CONDIÇÃO DE TRABALHO REMUNERADO DAS VÍTIMAS
NOS BOs DO MUNICÍPIO DE SÃO PAULO EM 1998

Natureza da ocorrência	Trabalhava?		Total
	Não (%)	Sim (%)	
Homicídio	72	28	(47)* 100
Tentativa	50	50	(119)* 100
Total	57	43	(166)* 100

* Dados conhecidos. Excluímos os casos em que não havia informação.

5. AGRESSORES E VÍTIMAS SÃO, NA MAIORIA, JOVENS

As mulheres vítimas são de todas as idades (Quadro BO-6), mas predominam na faixa dos 22 aos 30 anos, em plena idade economicamente produtiva e com filhos pequenos. Entre as vítimas de tentativa de homicídio, a faixa etária predominante alonga-se até os 40 anos (Quadro BO-6).

O crime pode ser cometido contra crianças, pessoas idosas ou adultos/as. Matam-se bebês porque choram e perturbam o sono do adulto, crianças por falta de alimento; os pais por vingança. Mata-se em estado de embriaguez, ou sem nenhum motivo. Adultas são mortas por razões afetivas, interpessoais ou pela violência urbana (como vimos no capítulo 3).

Quadro BO-6
IDADE DOS AGRESSORES SEGUNDO O SEXO
NOS BOs DO MUNICÍPIO DE SÃO PAULO EM 1998

Idade	Masculino (%)	Feminino (%)	Desconhecido (%)
Até 10 anos	0	0	0
11-14 anos	0	2	0
15-17 anos	(1)	4	0
18-21 anos	8	21	0
22-30 anos	30	32	0
31-40 anos	23	13	0
41-50 anos	9	9	0
51-60 anos	1	4	0
61-70 anos	0	0	0
Mais de 70 anos	1	0	0
Desconhecida	28	15	100
Total	(282) 100	(53) 100	(288) 100

Os agressores, como as vítimas, são jovens, estão na faixa dos 22 aos 30 anos. Isto confirma a tendência de os jovens reproduzirem o comportamento violento de gerações mais velhas. Apesar das recorrentes denúncias de violência contra a mulher e do incentivo para que não aceitem ser violentadas, o panorama indica que, se mudou o comportamento agressivo, não foi suficiente para alterar o quadro de homicídios. Observou-se também que mulheres mais jovens (18 a 21 anos) são mais numerosas entre as agressoras. Os homens agressores são tendencialmente da faixa imediatamente mais velha (31 a 40 anos).

6. "COMPANHEIROS" MATAM MAIS QUE OS MARIDOS

Apresentarei, a seguir, dados que informam qual o relacionamento que o agressor mantinha com a vítima.

No Quadro BO-8 se revelam todas as formas de relacionamento encontradas: maridos, companheiros, namorados, noivos, nas respectivas condições de *ex*, freqüentemente em situação de rompimento ou em via de sê-lo, mas também por inúmeras outras circunstâncias. Há também pessoas biologicamente relacionadas, como mãe, pai, avós, netos e filhos, além de conhecidos, vizinhos etc. A variação de relacionamentos é enorme e assassinatos de mulheres (e meninas) ocorrem em todos eles.

A ausência de informação reduz a amplitude da análise; no entanto, quando o BO informa quem é o agressor, em 50% dos casos ele é conhecido da vítima.

Agrupando os agressores em categorias mais abrangentes e somando esposos e companheiros, verifica-se que os que mais matam ou tentam fazê-lo são parte deste grupo: homens que vivem com mulheres com ou sem um vínculo legal de casamento, por vezes nem em união estável, mantendo relações afetivas passageiras (Quadros BO-7 e BO-8).

Cerca de 5 em cada 10 homicídios são cometidos por pessoas de relacionamento afetivo, entre as quais estão esposos, namorados, noivos, companheiros e "amantes" (mantenho a denominação usada nos BOs). Se acrescentarmos os ex-companheiros, *em cerca de 7 em cada 10 casos as mulheres são vítimas de seus próprios parceiros ou ex-parceiros.*

Quadro BO-7
MULHERES VÍTIMAS
SEGUNDO RELAÇÃO COM O/A AGRESSOR/A
NOS BOs DO MUNICÍPIO DE SÃO PAULO EM 1998
(NÚMEROS ABSOLUTOS)

Relação	Natureza da ocorrência		
	Homicídio	Tentativa	Total
Desconhecida	238	247	485
Amante	1	0	1
Companheiro	11	22	33
Conhecido(a)	12	50	62
Enteada	0	3	3
Esposo(a)	8	15	23
Ex-companheiro	4	11	15
Ex-esposo	0	8	8
Ex-namorado	3	10	13
Ex-noivo	1	0	1
Ex-sogra	0	1	1
Filho(a)	1	7	8
Irmão(a)	0	1	1
Mãe/Filho(a)	0	4	4
Mãe/Pai	2	1	3
Namorado	2	2	4
Noivo	1	0	1
Padrasto	1	0	1
Sobrinha	0	1	1
Sogra/Nora	0	1	1
Total	285	384	669

Embora ainda perdure a ideologia de que o lar é um lugar de abrigo e boa convivência entre pessoas, *as relações familiares não são pacíficas: 12% das tentativas e dos homicídios consumados são de responsabilidade do pai, mãe, filho, padrasto ou sogra.* Ou seja, entre os agressores conhecidos, 66% são parentes da mulher vítima.

A Polícia e o assassinato de mulheres

Quadro BO-8
DADOS AGRUPADOS
SEGUNDO RELAÇÃO COM O AGRESSOR
NOS BOs DO MUNICÍPIO DE SÃO PAULO EM 1998

| Relação | Natureza da ocorrência | | |
	Homicídio (%)	Tentativa (%)	Total
Parceiro	49	29	34
Ex-parceiro	17	21	20
Parente	8	14	12
Conhecido	26	36	34
Subtotal	(47)	(137)	(184) 100
Desconhecido	84	64	72
Total	(285)	(384)	(669) 100

Parceiro: amante, companheiro, esposo, noivo, namorado.

Ex-parceiro: ex-companheiro, ex-esposo, ex-noivo, ex-namorado.

Parente: mãe, pai, filho, tio, padrasto, sogra e ex-sogra.

7. MATA-SE PRINCIPALMENTE COM ARMAS DE FOGO

A análise dos dados contidos nos Boletins de Ocorrência revela a crueldade dos crimes: 7 em cada 10 casos são agressões cometidas por revólver, mas são também usados outros instrumentos: facas, ácido, fogo, pancadas com qualquer objeto de madeira ou ferro, além das próprias mãos. O Quadro BO-9 mostra a distribuição das armas usadas nos crimes.

Em síntese, da pesquisa feita na Secretaria de Segurança Pública de São Paulo entre os milhares de Boletins de Ocorrência encontraram-se 669 vítimas mulheres, das quais 285 já tinham morrido. Parte das restantes estava hospitalizada com ferimentos graves ou lesões menores.[34]

Os BOs são incompletos: pouco informam sobre as condi-

---

[34] Não havia condições de acompanhar estas vítimas.

ções das tentativas e homicídios, fazem sumária descrição do local onde ocorreu a violência e, eventualmente, indicam testemunhas. O local do crime raramente fica isolado; mas, paradoxalmente, em ocorrências na classe alta ou média alta, quando as famílias logo interpõem obstáculos, o local fica indevassável. A falta ou o excesso de isolamento prejudicam a coleta de provas que poderiam ser incorporadas ao processo. Concorre para as falhas a difícil localização de onde ocorreram os crimes: ruas sem nome, ruelas, casas de fundo de terreno, lugares que para serem encontrados contam apenas com referências vagas, como a indicação de um bar, um posto de gasolina, uma fábrica abandonada. Até a chegada da Polícia, o local pode ter sido modificado, lavado, arrumado, objetos podem ter sido subtraídos. É difícil identificar a vítima, seus documentos nem sempre são encontrados, os vizinhos não sabem ou dizem não saber seus nomes completos, nem mesmo os locatários dispõem destes dados. É uma população *sem identidade.*

Quadro BO-9
INSTRUMENTOS UTILIZADOS PARA A AGRESSÃO
NOS BOs DO MUNICÍPIO DE SÃO PAULO EM 1998

Natureza da ocorrência	Tipo de instrumento				Total
	Desconhecido (%)	Faca (%)	Outro (%)	Revólver (%)	
Homicídio	7	11	9	74	43 (285)
Tentativa	3	17	15	66	57 (384)
Total	5	14	12	69	100 (669)

Se esta obscuridade envolve a vítima, tanto maior é a sombra sobre o agressor, que fica oculto na metade (50%) das ocorrências. Além da fuga, contribui o enorme temor que os vizinhos têm em informar qualquer elemento sobre o crime, sabedores que são do perigo que correm se forem descobertos pelos agressores.

Contudo, entre os identificados, quando a vítima é mulher, 90% dos autores são homens. Nestes casos, parte dos criminosos tende a não refutar seus atos; até fazem questão de serem conhecidos, justificando suas ações pela "ousadia" da mulher que quer acabar com o relacionamento, "quer sair de casa"; "eles tinham o direito de bater nelas", afinal "ela era *minha* mulher". O sentimento masculino e por vezes também feminino de ser o proprietário de uma mulher, clara herança patriarcal, vigora ainda em *todas as camadas sociais*.

A maioria das vítimas — 62% — é de brancas, 7% são negras e 30%, pardas. Nunca é demais repetir que existe, na sociedade brasileira, um consenso racista de que as agressões ocorrem principalmente entre negros e pobres. Evidentemente, se a maioria da população é negra e pobre, este tipo de crime ocorre também nesta camada da população. Contudo, *um* caso entre os brancos e ricos representa *proporcionalmente* muito mais do que um caso nas demais camadas da sociedade. Além disso, não se pode esquecer que entre a população de renda alta e média o recurso a advogados contribui fortemente para mascarar as agressões, evitando prisões em flagrante. As famílias ocultam a violência e seus autores, e os fatos acabam distorcidos.

Assim, conclui-se que *a violência nas relações sociais de gênero atravessa toda a sociedade, qualquer que seja a posição socioeconômica das pessoas envolvidas.*

5.
RÉUS E VÍTIMAS NA JUSTIÇA

Os assassinatos de mulheres, sobretudo quando ocorrem na classe alta ou média alta, repercutem na sociedade com enorme dramaticidade. Emocionado, o público acompanha os relatos do crime pela televisão, pelos jornais e revistas que chegam a editar números especiais, capas com fotos das vítimas, relatos pormenorizados. O sofrimento das pessoas envolvidas é compartilhado. Por dias e até semanas são acompanhadas as diligências da Polícia, a atuação dos advogados contratados e a vida íntima dos autores e vítimas. Proliferam entrevistas que criam solidariedade, terror, medo, curiosidade ou reavivam sofrimentos por situações semelhantes já vividas. O surto emocional dura até que um novo acontecimento venha a substituí-lo. Fica na sociedade a expectativa: os culpados serão punidos?

A mídia contemporânea segue a trilha dos dramaturgos e escritores que, desde a Antigüidade, dedicaram obras às paixões que levavam ao crime, o transtorno provocado pelo ciúme, a insegurança dos amantes, os enganos que transformavam a realidade em fantasias insuportáveis, e a perversidade dos criminosos e criminosas. Nem todos os crimes têm repercussão midiática; aqueles que ocorrem nas camadas de baixa posição econômica ficam relegados a pequenas notas da imprensa. Estes são preconceituosamente considerados "normais", confirmando a expectativa de que "ali, entre os pobres e favelados, eles são esperados mesmo". Por outro lado, a freqüência dos assassinatos de mulheres acaba por torná-los banais.

Ao longo dos dias, semanas, ficam nas pessoas várias indagações: Quem cometeu o crime? Será encontrado? Qual a punição que receberá da Justiça?

1. OS PROCESSOS CRIMINAIS

Os homicídios consumados e tentados são atendidos, em geral, pela Polícia Militar, e em seguida são transmitidos à Delegacia de Polícia da região distrital da ocorrência. O Delegado de Polícia comparece ao local e, se a autoria for conhecida, a investigação é procedida pela respectiva Delegacia. Se houver necessidade de maiores detalhes ou a autoria for desconhecida, a equipe do Departamento de Homicídio e Proteção à Pessoa (DHPP) é acionada para proceder ao levantamento do local do crime e avançar nas investigações. Além do Boletim de Ocorrência elaborado pela Delegacia de Polícia, a equipe do DHPP também lavra um Boletim de Ocorrência próprio.

Encerrado o Inquérito Policial, descobrindo ou não a autoria do crime, ele é remetido ao Poder Judiciário. O Juiz competente abrirá vista ao Ministério Público, quando então o Promotor de Justiça poderá tanto oferecer denúncia, requerer novas diligências ou pleitear arquivamento do Inquérito Policial.

Tratando-se de denúncia, ao recebê-la, o Juiz de Direito dá início à fase judicial, que constitui então o Processo Criminal (PC). Os processos são distribuídos, no caso do Município de São Paulo, aos cinco Tribunais do Júri. Denominarei de PC (Processo Criminal) essa fase que se desenvolve perante a Justiça.

A localização dos PCs que envolviam mulheres demandou cerca de dois anos de pesquisa a partir do exame dos livros de registro dos Fóruns Criminais da Capital, e mais um ano e meio para localização e análise dos mesmos nos Tribunais do Júri da Barra Funda, Jabaquara, Santo Amaro, Pinheiros e Penha. De um total de 8.805 processos, após procedimentos de seleção de uma amostra representativa, deveríamos analisar 100 casos. Prevendo problemas, que de fato ocorreram, foi feito um cálculo estatístico que estimou uma eventual redução do tamanho da amostra. Resultou uma amostra representativa de 82 processos criminais (detalhes no Anexo 1, ao final deste volume).

A leitura dos PCs foi realizada nos Cartórios dos Tribunais do Júri, e acompanhamos vários julgamentos nesses tribunais. Ler os PCs é uma experiência árdua. Os casos, muitas vezes, são acompanhados por dolorosas fotografias das vítimas, do pobre quarto em que viviam, locais chamados de "casa" apenas como força de expressão. São cômodos improvisados, divididos, à guisa de parede, com objetos difíceis de imaginar: um pedaço de porta ajuntado a um papelão, com um pedaço de ferro, mais uma tranca. Alguma coisa faz o papel de porta. Não raro, a vítima é fotografada sentada ou deitada no chão, ao lado de uma cama, com um prato onde comia quando foi atacada — nem sempre há mesa. Roupas por toda parte, arrumadas em cima de uma cadeira ou empilhadas sobre uma mala. Não estão jogadas, mas ajeitadas; armário não existe. Crianças mortalmente feridas, corpos dilacerados, são fotografados focalizando detalhes dos locais onde um facão, faca de cozinha, tesoura, pedaço de pau, tiros, os atingiu. O DHPP faz seu trabalho cuidadosamente, no que resta de um ambiente que poucas vezes foi preservado intacto para a investigação.

Outros corpos são encontrados em ruas com ou sem calçamento, dobrados, machucados, furados. Os detalhes devem ser fotografados. Rostos fatalmente feridos, olhos e bocas aniquilados. A cabeça e sobretudo o rosto são alvos prioritários, como se o agressor quisesse destruir, principalmente, a beleza da mulher. Por vezes, juntam-se fotos da pessoa antes do ataque. Alguns processos incluem recortes de jornais noticiando o crime.

Nos autos há uma minuciosa descrição das roupas que a vítima vestia, incluindo a cor das peças íntimas, mesmo que estivessem completamente vestidas quando atacadas.

A seguir, apontaremos os dados quantitativos dos réus e vítimas constantes dos PCs para, no próximo capítulo, descrever o conteúdo dos autos e processos criminais.

Réus e vítimas na Justiça

113

2. QUEM SÃO OS RÉUS?

Através dos dados coletados nos processos criminais dos cinco Tribunais do Júri, foi possível desenhar o perfil socioeconômico dos réus: são *jovens*, entre 22 e 30 anos, *brancos*, têm *educação fundamental incompleta* (1 em cada 3). São *solteiros ou casados* na mesma proporção — 1 em cada 4 é solteiro, e 1 em cada 4 é casado (ver Quadros PC-1, PC-2, PC-3 e PC-4).

Quadro PC-1
IDADE DOS RÉUS (%)

	1° TJ	2° TJ	3° TJ	4° TJ	5° TJ	Total
15-17 anos	–	–	–	–	–	–
18-21 anos	19	13	12	12	8	15
22-30 anos	43	13	40	12	25	32
31-40 anos	14	20	18	–	–	11
41-50 anos	–	13	6	6	8	4
51-60 anos	–	7	–	–	–	1
61-70 anos	–	–	–	–	–	–
Mais de 70 anos	–	–	–	6	–	1
Desconhecida	24	34	24	52	59	34
Sem informação	–	–	–	12	–	2
Total	100	100	100	100	100	100
	(21)	(15)	(17)	(17)	(12)	(82)

Quadro PC-2
COR DOS RÉUS (%)

	1° TJ	2° TJ	3° TJ	4° TJ	5° TJ	Total
Branca	38	33	29	12	8	29
Negra	10	27	6	6	–	9
Parda	19	7	29	18	33	20
Indígena	–	–	–	–	–	–
Oriental	–	–	–	–	–	–
Desconhecida	19	33	24	52	59	31
Sem informação	14	–	12	12	–	11
Total	100	100	100	100	100	100
	(21)	(15)	(17)	(17)	(12)	(82)

Quadro PC-3
GRAU DE INSTRUÇÃO DOS RÉUS (%)

	1º TJ	2º TJ	3º TJ	4º TJ	5º TJ	Total
Analfabeto	–	7	–	–	–	1
Semi-analfabeto	–	–	–	–	–	–
Fundamental incompleto	47	–	47	24	–	33
Fundamental completo	5	–	12	12	–	6
Médio incompleto	10	53	6	–	17	13
Médio completo	–	–	–	6	8	2
Superior incompleto	–	–	–	–	–	–
Superior completo	–	–	–	–	–	–
Não é o caso	–	–	–	–	–	–
Desconhecido	19	33	24	53	17	28
Sem informação	19	7	12	6	58	18
Total	100	100	100	100	100	100
	(21)	(15)	(17)	(17)	(12)	(82)

Quadro PC-4
ESTADO CIVIL DOS RÉUS (%)

	1º TJ	2º TJ	3º TJ	4º TJ	5º TJ	Total
Solteiro	29	13	47	18	17	26
Separado	5	–	–	12	8	5
Divorciado	–	–	–	–	8	1
Casado	14	7	18	12	8	13
Companheiro	14	33	12	6	–	13
Viúvo	–	–	–	–	–	–
Desconhecido	19	33	24	53	58	31
Sem informação	19	13	–	–	–	11
Total	100	100	100	100	100	100
	(21)	(15)	(17)	(17)	(12)	(82)

Os réus desempenham profissões *não qualificadas ou qualificadas* em igual proporção, 1 em cada 5 nas duas circunstâncias (PC-5).

Réus e vítimas na Justiça

Quadro PC-5
PROFISSÃO DOS RÉUS (%)

	1° TJ	2° TJ	3° TJ	4° TJ	5° TJ	Total
Profissão qualificada	19	27	24	12	25	20
Profissão não qualificada	14	40	35	18	8	20
Estudante	5	–	–	–	–	2
Comerciante	14	–	–	12	8	10
Desempregado	5	–	–	–	–	2
Ladrão de carro	–	–	6	–	–	1
Sem informação	43	33	35	58	59	45
Total	100	100	100	100	100	100
	(21)	(15)	(17)	(17)	(12)	(82)

Quadro PC-6
ESTADO DE ORIGEM DOS RÉUS (%)

	1° TJ	2° TJ	3° TJ	4° TJ	5° TJ	Total
São Paulo	24	27	23	12	25	22
Minas Gerais	10	7	–	–	–	5
Paraná	–	–	6	–	–	1
Espírito Santo	–	–	–	–	–	–
Rio de janeiro	–	–	6	–	–	1
Goiás	5	–	–	–	–	2
Pernambuco	10	13	12	12	8	11
Alagoas	5	–	6	–	–	3
Bahia	–	7	12	6	–	3
Ceará	5	–	6	6	8	5
Paraíba	5	7	–	–	–	3
Sergipe	–	–	6	–	–	1
Outros países	–	–	–	–	–	–
Desconhecido	18	32	23	52	59	31
Sem informação	18	7	–	12	–	12
Total	100	100	100	100	100	100
	(21)	(15)	(17)	(17)	(12)	(82)

Contradizendo o preconceito de que seriam predominantemente migrantes "nordestinos", eles são principalmente *originários de São Paulo* (PC-6). A maior parte morava em casas de alvenaria ou apartamentos, em diversos bairros, sobretudo nas zonas Leste e Sul (PC-7, PC-8).

A maioria dos réus *tinha antecedentes criminais* (PC-9).

Quadro PC-7
CONDIÇÃO DE MORADIA DOS RÉUS (%)

	1º TJ	2º TJ	3º TJ	4º TJ	5º TJ	Total
Casa de alvenaria, apartamento	24	20	24	24	17	23
Cortiço, quarto ou pensão	14	13	6	–	17	11
Favela	–	20	29	6	–	7
Desconhecida	19	33	24	53	58	31
Sem informação	43	13	18	18	8	28
Total	100	100	100	100	100	100
	(21)	(15)	(17)	(17)	(12)	(82)

Quadro PC-8
REGIÃO DE MORADIA DOS RÉUS (%)

	1º TJ	2º TJ	3º TJ	4º TJ	5º TJ	Total
Centro	5	–	–	–	–	2
Norte	–	60	–	6	17	9
Sul	19	–	59	–	–	16
Leste	33	7	–	35	–	24
Oeste	5	–	12	–	8	5
Grande São Paulo	5	–	6	–	8	4
Outras cidades	5	–	6	–	–	3
Desconhecida	19	33	24	53	59	31
Sem informação	10	–	–	6	8	6
Total	100	100	100	100	100	100
	(21)	(15)	(17)	(17)	(12)	(82)

Réus e vítimas na Justiça

Quadro PC-9

O RÉU TINHA ANTECEDENTES CRIMINAIS? (%)

	1° TJ	2° TJ	3° TJ	4° TJ	5° TJ	Total
Sim	57	27	53	12	8	40
Não	10	40	24	12	17	16
Desconhecido	29	33	24	53	58	36
Sem informação	5	–	–	24	17	8
Total	100	100	100	100	100	100
	(21)	(15)	(17)	(17)	(12)	(82)

Todos os dados citados estão detalhados nos Quadros acima, dos quais apenas a coluna do total deve ser considerada, por razões de amostragem.

3. QUEM SÃO AS VÍTIMAS?

A maioria das mulheres vítimas era *jovem* (Quadro PC-10), de 22 a 30 anos (33%), assim como seus agressores. Há vítimas *crianças*, com menos de 14 anos, e algumas com *mais de 70 anos*. As mulheres sofrem agressões fatais em todas as idades.

Em 50% dos casos a vítima era *branca* (PC-11). A porcentagem de brancos entre os réus era menor (29%), embora predominantes sobre as demais etnias. Num país de racismo oculto como o Brasil, em que a violência é atribuída aos negros, estes dados vem desmentir tais premissas preconceituosas.

As vítimas têm nível educacional mais elevado do que os réus em todas as etapas da vida escolar (PC-12). Entre os réus, 33% não completaram o Ensino Fundamental; entre as vítimas, 28% estavam neste patamar. Cerca de 5% das vítimas têm *nível superior* (completo ou não), nível escolar que não consta no caso dos réus. A população investigada repete os dados gerais da escolaridade brasileira: o número de homens com Ensino Fundamental incompleto é maior do que o de mulheres. Por outro lado, os réus do sexo masculino têm posição econômica mais elevada que as mulheres agredidas, fator que pode explicar, parcialmente, a facilidade de fuga dos mesmos, inclusive daqueles com maior escolaridade.

Quadro PC-10
IDADE DAS VÍTIMAS (%)

	1º TJ	2º TJ	3º TJ	4º TJ	5º TJ	Total
Até 10 anos*	–	5	–	–	–	1
11-14 anos*	–	5	–	13	–	3
15-17 anos*	5	17	14	6	8	8
18-21 anos	20	5	7	19	31	17
22-30 anos	40	23	43	25	23	33
31-40 anos	15	17	36	13	8	16
41-50 anos	20	17	–	13	15	16
51-60 anos	–	11	–	6	–	3
61-70 anos	–	–	–	–	8	1
Mais de 70 anos	–	–	–	6	8	2
Desconhecida	–	–	–	–	–	–
Sem informação	–	–	–	–	–	1
Total	100	100	100	100	100	100
	(20)	(18)	(14)	(16)	(13)	(82)

* Os casos de agressores com menos de 18 anos de idade não chegam aos Tribunais do Júri.

Quadro PC-11
COR DAS VÍTIMAS (%)

	1º TJ	2º TJ	3º TJ	4º TJ	5º TJ	Total
Branca	40	44	57	69	62	50
Negra	10	22	7	12	–	11
Parda	45	28	36	19	38	36
Indígena	–	–	–	–	–	–
Oriental	5	–	–	–	–	2
Desconhecida	–	–	–	–	–	–
Sem informação	–	6	–	–	–	1
Total	100	100	100	100	100	100
	(20)	(18)	(14)	(16)	(13)	(81)

Quadro PC-12
GRAU DE INSTRUÇÃO DAS VÍTIMAS (%)

	1° TJ	2° TJ	3° TJ	4° TJ	5° TJ	Total
Analfabeto	5	11	–	–	–	4
Semi-analfabeto	–	6	–	–	–	1
Fundamental incompleto	35	44	36	6	8	28
Fundamental completo	10	–	7	13	8	9
Médio incompleto	–	–	–	6	15	3
Médio completo	–	–	7	–	–	1
Superior incompleto	5	–	7	–	–	3
Superior completo	–	6	–	6	–	2
Não é o caso	–	6	–	13	–	3
Desconhecido	35	–	–	–	8	17
Sem informação	10	27	43	56	61	29
Total	100	100	100	100	100	100
	(20)	(18)	(14)	(16)	(13)	(81)

No caso das vítimas, que evidentemente não fogem, merece destaque a espantosa quantidade de casos — 30% — em que não se tem informação alguma sobre seu nível educacional, profissão, condição de moradia, antecedentes criminais, e até mesmo se estavam grávidas ou tinham filhos!

Constatou-se que a maioria das vítimas (28%) tinha profissões "*não qualificadas*" seguidas pelas "do lar" (23%). Cerca de 8% eram *estudantes* em vários níveis (PC-13). Entre os réus, como já vimos, havia igual porcentagem de qualificados e não qualificados (20%), mas 10% eram comerciantes e praticamente não havia desempregados declarados. Comparando réus e vítimas, os primeiros desempenhavam atividades econômicas ligeiramente superiores às das segundas.

Entre as vítimas, destacam-se as "do lar", que dependem economicamente de seus companheiros. De modo geral, os réus fazem parte de uma população de renda baixa ou média.

Quadro PC-13
PROFISSÃO DAS VÍTIMAS (%)

	1º TJ	2º TJ	3º TJ	4º TJ	5º TJ	Total
Profissão qualificada	5	6	–	6	–	4
Profissão não qualificada	25	39	36	19	31	28
Estudante	5	6	14	13	8	8
Do lar	30	17	36	6	15	23
Comerciante	–	–	–	13	–	2
Desempregada	–	–	–	6	–	1
Aposentada	–	–	–	6	–	1
Indigente	–	–	–	6	–	1
Prostituta	5	–	–	–	–	2
Desconhecida	30	33	14	25	46	29
Total	100	100	100	100	100	100
	(20)	(18)	(14)	(16)	(13)	(81)

Quadro PC-14
CONDIÇÃO DE MORADIA DAS VÍTIMAS (%)

	1º TJ	2º TJ	3º TJ	4º TJ	5º TJ	Total
Casa de alvenaria, apartamento	35	28	64	38	8	35
Cortiço	35	22	7	6	15	23
Favela	5	17	29	13	46	15
Outros	–	–	–	6	–	1
Desconhecida	20	–	–	–	–	9
Sem informação	5	33	–	38	31	17
Total	100	100	100	100	100	100
	(20)	(18)	(14)	(16)	(13)	(81)

Cerca de 38% das vítimas moravam em cortiços e favelas (PC-14); 35% moravam em casas de alvenaria ou apartamentos, semelhantes às construções da COHAB, e viviam predominantemente na periferia da capital (PC-15). As ruas, por vezes, são de terra e nem tem nome. Para localizá-las é necessário recorrer a algum elemento urbano próximo, como um bar, um posto de gasolina, uma fábrica, um salão de baile. Como seria de esperar, a imprensa não publica, nos casos de pessoas de alta posição socioeconômica, fotos do local do crime — estampando, quando muito, a fachada do imóvel onde ocorreu o fato. Os mais pobres são vulneráveis à invasão dos domicílios, enquanto os mais ricos ficam preservados. Esta exposição seletiva contribui para acentuar uma imagem socialmente distorcida da realidade.

A distribuição espacial das moradias variava entre vítimas e réus (PC-8 e PC-15). As vítimas moravam mais no centro da cidade que os réus (14% e 2%, respectivamente). A localização da moradia das vítimas é mais precisa (são desconhecidas apenas 7%), sendo que 4 em cada 10 moravam na Zona Leste, a mais populosa da capital. As condições de moradia dos réus eram um pouco melhores que a das vítimas, predominando apartamentos de conjuntos habitacionais ou casas de alvenaria — 23% para 18% (PC-7 e PC-14).

Metade das vítimas, assim como dos réus, é de São Paulo, capital ou interior do Estado (PC-6 e PC-16).

As vítimas raramente tinham antecedentes criminais, ao contrário dos réus.

Quadro PC-15
REGIÃO DE MORADIA DAS VÍTIMAS (%)

	1° TJ	2° TJ	3° TJ	4° TJ	5° TJ	Total
Centro	30	–	–	–	–	14
Norte	–	78	–	13	54	19
Sul	10	–	79	–	8	14
Leste	45	22	7	75	–	39
Oeste	5	–	14	–	38	8
Desconhecida	10	–	–	–	–	5
Sem informação	–	–	–	13	–	2
Total	100	100	100	100	100	100
	(20)	(18)	(14)	(16)	(13)	(81)

Quadro PC-16
ESTADO DE ORIGEM DAS VÍTIMAS (%)

	1º TJ	2º TJ	3º TJ	4º TJ	5º TJ	Total
São Paulo	50	61	36	44	46	48
Minas Gerais	25	–	14	–	8	14
Paraná	5	6	–	–	8	4
Espírito Santo	–	6	–	–	–	1
Pernambuco	15	11	14	6	8	12
Alagoas	5	–	–	6	–	3
Bahia	–	6	7	13	15	5
Ceará	–	–	21	6	–	3
Paraíba	–	6	–	6	–	2
Outros países	–	–	–	–	8	1
Desconhecido	–	–	–	–	–	–
Sem informação	–	6	7	19	8	6
Total	100	100	100	100	100	100
	(20)	(18)	(14)	(16)	(13)	(81)

Quadro PC-17
AS VÍTIMAS TINHAM
ANTECEDENTES CRIMINAIS? (%)

	1º TJ	2º TJ	3º TJ	4º TJ	5º TJ	Total
Sim	15	6	–	–	8	9
Não	70	44	36	56	62	59
Não é o caso	–	6	–	–	–	1
Desconhecido	–	–	–	–	–	–
Sem informação	15	44	64	44	31	31
Total	100	100	100	100	100	100
	(20)	(18)	(14)	(16)	(13)	(81)

Conclui-se, pois, que os fatores que levam à agressão contra a mulher estão ligados a *valores e comportamentos igualmente espalhados pelo território, pelas camadas sociais e até mesmo pelas diferentes gerações.*

Nos Quadros acima estão todos os dados quantitativos relativos à análise sobre as vítimas.

Réus e vítimas na Justiça

4. RELACIONAMENTO ENTRE VÍTIMAS E AGRESSORES

Nesta investigação foram considerados todos os diferentes relacionamentos entre vítimas e agressores, e não apenas aqueles chamados de "violência doméstica". Contatou-se que em 2 de cada 10 casos houvera uma relação afetiva entre vítima e réu. Esta relação podia ser um namoro, noivado, casamento, união estável em vigor ou rompida. A agressão se estendia a outras pessoas, parentes ou não, simplesmente porque estavam no cenário do crime, intervindo para conter o agressor ou ajudar a vítima de alguma maneira.

Como foi longamente analisado nos capítulos anteriores, do ponto de vista qualitativo, bastava um rompimento, ciúme, alcoolismo, suspeita, qualquer fator para levar um homem a agredir a mulher e eventualmente os filhos. Destaque-se que 4% das/os agredidas/os eram crianças e outros 6% tinham mais de 51 anos.

Em 1 de cada 4 processos não se logrou descobrir a existência de algum relacionamento entre vítima e réu. Em 21% dos casos não havia, aparentemente, vínculo entre eles. Há ocorrências de violência urbana cujo crime se dá em áreas de lazer, bares, bailes ou outras situações absolutamente circunstanciais. A estas podem ser incluídas brigas entre vizinhos, desavenças por dívidas, drogas, além de fuga do réu, que impossibilita a identificação da complexidade das relações entre os envolvidos. Em conseqüência, a classificação dos relacionamentos contém uma margem de erro decorrente da multiplicidade de relações entrelaçadas. É o caso de Sandra Regina Fernandes, assassinada por Cícero Augusto Belarmino e Cícero Antonio Alves de Oliveira (réu e co-réu). Cícero Augusto era futuro sogro de Cícero Antonio. Este mantivera relações sexuais com a filha de Sandra Regina, Tatiane, de 14 anos, com quem "perdera a virgindade". Os dois homens estavam armados e foi Cícero Antonio quem atirou reagindo à interpelação da vizinha. Definir este relacionamento como briga entre vizinhos mascara questões mais complexas e de ordem interpessoal distinta. Embora haja uma visão idílica da família, cujas relações seriam harmoniosas e, quando muito, com pequenos conflitos entre seus membros, os dados revelam um outro lado da realidade: mães que matam filhos, ou o contrário, filhos que matam as mães; netos/as acusados/as de assassinar seus avós; irmãs, sogras e cunhadas também são rés e vítimas. A seguir, os dados quantitativos que revelam esta realidade.

Quadro PC-18
RELAÇÃO ENTRE VÍTIMA E RÉU (%)

	1º TJ	2º TJ	3º TJ	4º TJ	5º TJ	Total
Mãe	5	6	–	–	–	3
Filha	–	6	–	–	–	1
Esposa	10	–	7	6	–	4
Noiva	5	–	–	–	–	2
Ex-companheira	–	–	7	6	–	2
Companheira	5	28	14	–	–	8
Namorada	–	–	7	–	8	2
Ex-namorada	–	6	–	–	–	1
Vizinha	10	6	7	6	15	9
Colega de trabalho	5	–	–	–	–	2
Cunhada	5	–	–	–	–	2
Sogra	–	6	–	–	–	1
Avó	–	–	–	6	–	1
Irmã	5	–	–	–	–	2
Conhecida	5	6	14	6	8	7
Nenhuma	20	16	22	26	15	21
Desconhecida	15	10	22	44	46	25
Sem informação	10	10	–	–	8	7
Total	100	100	100	100	100	100
	(20)	(18)	(14)	(16)	(13)	(81)

O estado civil das vítimas é revelador (PC-19). Quase *a metade delas era solteira*; 1 em cada 4 era casada legalmente; 1 em cada 10 vivia com um companheiro. Portanto, *não importa o estado civil, todas tiveram destino semelhante: foram vítimas de tentativa ou de homicídio consumado.*

Quadro PC-19
ESTADO CIVIL DAS VÍTIMAS (%)

	1º TJ	2º TJ	3º TJ	4º TJ	5º TJ	Total
Solteira	55	33	36	25	38	43
Casada	35	22	14	19	23	27
Divorciada	–	–	–	–	–	–
Separada	5	–	14	13	–	6
Viúva	5	6	–	6	8	5
Companheira	–	28	36	6	15	10
Não é o caso	–	6	–	13	–	3
Desconhecido	–	–	–	–	–	–
Sem informação	–	6	–	19	15	6
Total	100	100	100	100	100	100
	(20)	(18)	(14)	(16)	(13)	(81)

No caso dos réus, apenas 25% *eram solteiros*, 13% eram casados e outros 13% tinham uma companheira. Isto indica que, provavelmente, *os réus eram casados mas não com suas vítimas*. Bastava um relacionamento de poucos meses ou vários anos para que o réu a considerasse "sua" eterna propriedade, presa a um vínculo inquebrantável.

Exemplo paradigmático é o do cantor Lindomar Castilho, que matou a ex-esposa Eliane de Grammont depois de cerca de seis meses da separação legal. O advogado do réu, o já citado Evandro Lins e Silva, argumentava, na defesa do assassino, que o "ventre que gerara uma filha sua" (de Lindomar) não poderia ser "conspurcado" por uma relação com outro homem.[35]

5. OS FILHOS DAS VÍTIMAS

Quase a metade das vítimas (45%) tinham filhos, mas apenas 3 em cada 10 os tiveram da relação com o agressor. As víti-

---

[35] O julgamento foi transmitido por rádio, quando eu o ouvi.

mas os geraram em outra relação, levando-os consigo quando do relacionamento com o réu.

Quadro PC-20
AS VÍTIMAS TINHAM FILHOS/AS? (%)

	1° TJ	2° TJ	3° TJ	4° TJ	5° TJ	Total
Sim	55	44	43	31	31	45
Não	30	33	43	12	54	31
Não é o caso	–	6	–	12	–	3
Desconhecido	10	–	–	–	–	5
Sem informação	–	17	14	45	15	16
Total	100	100	100	100	100	100
	(20)	(18)	(14)	(16)	(13)	(81)

Quadro PC-21
OS FILHOS ERAM DA RELAÇÃO DA VÍTIMA
COM O RÉU? (%)

	1° TJ	2° TJ	3° TJ	4° TJ	5° TJ	Total
Sim	27	25	50	20	–	26
Não	73	75	50	80	100	74
Total	100	100	100	100	100	100
	(11)	(8)	(6)	(5)	(4)	(34)

6. AS VÍTIMAS ESTAVAM GRÁVIDAS?

Buscamos, nos processos, informação sobre a gravidez das vítimas. Tal condição se confirmou em apenas 2% dos casos (PC-24). Tenho muitas dúvidas a respeito desta informação devido à precariedade dos exames realizados no IML (Instituto Médico Legal), que raramente investigava esta condição nos corpos das vítimas. Nem mesmo uma eventual relação sexual (indício de estupro, por exemplo) era pesquisada. Seria esta carência no exame dos corpos resultado de falhas do serviço no IML? Seria descaso por serem mulheres pobres, ou simplesmente por serem mulheres? Seria falta de orientação? Difícil responder. Vejamos um dos casos:

Neith Vélez da Silva foi encontrada por dois policiais militares. Agonizava. Estava malvestida e, por isso, considerada indigente. No caminho para o Pronto-Socorro, esta suposta indigente disse que tinha sido estuprada e agredida. A Polícia Civil descobriu que ela tinha duas filhas adultas, uma telefonista e outra comerciante, as quais contaram que a mãe, de 44 anos, começara a beber depois de se separar do marido. Não tinham conseguido que ela se tratasse. Vivia pelas ruas, bêbada, até que finalmente sofreu uma agressão fatal.

No exame necroscópico constatou-se que ela tinha "útero não gravídico" e que a morte decorrera de traumatismo craniano. Sofrera fratura da bacia e tinha cirrose hepática. *Mas e o estupro que relatara?* Sobre isso, nenhuma palavra. É claro que um exame do material encontrado em seu corpo — esperma, por exemplo — poderia constituir um vestígio relevante. Nenhum exame foi feito para verificar esta condição.

Não é desprovida de razão a hipótese de que se tratava de uma simples e desinteressante mulher, pobre e bêbada. Além disso, parece que o IML não tem o hábito de fazer este tipo de investigação, cujos resultados deveriam aparecer no relatório anexado ao inquérito.

Quadro PC-22
AS VÍTIMAS ESTAVAM GRÁVIDAS? (%)

	1° TJ	2° TJ	3° TJ	4° TJ	5° TJ	Total
Sim	–	–	–	–	15	2
Não	85	78	93	56	70	77
Não é o caso	–	5	–	13	–	3
Desconhecido	15	–	–	31	–	13
Sem informação	–	17	7	–	15	5
Total	100	100	100	100	100	100
	(20)	(18)	(14)	(16)	(13)	(81)

7. QUANDO COMEÇAM AS AGRESSÕES?

Apenas em 40% dos casos há informação sobre o tempo de relacionamento entre vítimas e agressores. Verificou-se que, nas agressões fatais, predominavam de meses a 5 anos (17%). Quando a relação era mais longa, evidenciava-se que a violência vinha ocorrendo há longo tempo, até o desfecho fatal. O comportamento violento se manifesta disfarçadamente em curto espaço de tempo. Muitos movimentos feministas brasileiros e de outros países procuram alertar as jovens através de cartilhas, panfletos, explicando o que está por trás de certas atitudes de seus namorados ou noivos. Sob a desculpa de "fazer companhia" ou de "cuidar" da namorada ou noiva, alguns fazem questão de acompanhá-las às compras, na ida ao médico ou dentista. Isto é interpretado pela mulher como uma manifestação de carinho. Na realidade, eles querem vigiar a exposição dos corpos femininos, controlando as roupas, o comprimento das saias, os decotes e os contatos com outros homens, mesmo que sejam profissionais da saúde. Têm um ciúme exacerbado.

Esta "companhia", mais tarde, se revela na forma de controle, sujeição, exigência de "obediência" e, finalmente, agressão por suposta quebra das regras impostas à mulher. O alerta pretende que as jovens analisem precocemente os comportamentos de controle que são indicadores de futuras agressões, algumas fatais. Como se vê no Quadro PC-23, a agressão começa já no início do relacionamento.

Em síntese, os processos criminais indicam que *as vítimas eram, na maioria, jovens, brancas e tinham educação formal mais elevada que o réu. Eram solteiras, tinham filhos de outros relacionamentos, raramente com antecedentes criminais; eram paulistas, moravam na Zona Leste e no Centro. O réu também é jovem, branco, menos escolarizado que as mulheres vítimas, mas tem rendimentos mais elevados e melhores condições de moradia. Além de casados, têm também outra companheira, em geral a própria vítima.*

Réus e vítimas na Justiça

Quadro PC-23
TEMPO DE RELAÇÃO ENTRE VÍTIMA E RÉU (%)

	1º TJ	2º TJ	3º TJ	4º TJ	5º TJ	Total
Até 11 meses	10	11	8	6	8	7
1 a 5 anos	5	17	8	6	15	10
6 a 10 anos	–	6	15	6	–	5
11 a 18 anos	25	–	8	–	–	8
Mais de 20 anos	–	11	–	–	–	3
Nenhum	40	17	15	6	15	20
Desconhecido	20	11	15	50	46	27
Sem informação	5	28	31	25	15	20
Total	100	100	100	100	100	100
	(20)	(18)	(14)	(16)	(13)	(81)

* * *

Embora não existam contradições entre as três fontes analisadas, verifica-se que os dados coletados através dos processos criminais são mais precisos que os dos BOs e dos jornais — quanto às características do crime, às circunstâncias em que ocorreu e ao perfil da vítima e do agressor. Ao nos aprofundarmos nas razões da agressão, constatamos que são muito variadas e, apesar da clara e forte violência doméstica, há um cotidiano de dominação masculina, extradoméstica e extradomicílio, que leva a ações fatais.

Vejamos a seguir, com detalhes, os mecanismos jurídicos e a atuação do Júri nos casos de homicídio tentado e consumado.

6.
A JUSTIÇA E O TRIBUNAL DO JÚRI

1. REPRESENTAÇÃO DA JUSTIÇA: MOROSIDADE E DESCONHECIMENTO

"A Justiça é morosa", "as penas são leves", "os criminosos ricos não são punidos", "basta ter um bom advogado para escapar", "há dois pesos e duas medidas nos julgamentos", são frases que ecoam quando ocorrem assassinatos de mulheres, mães, pais ou outras pessoas de alta posição socioeconômica. Esta é a representação que a opinião pública tem da Justiça, ressoando conhecidas decisões judiciais tomadas num passado próximo ou remoto.

Contudo, a análise dos processos criminais enviados ao Tribunal do Júri revela situações que desmentem aquelas imagens da Justiça: nos deparamos com uma relativa rapidez dos julgamentos e consistente condenação pelo Júri. Sem ignorar a "hábil" atuação de importantes escritórios de Advocacia, que conseguem postergar julgamentos por muitos anos, a imagem negativa do Judiciário resulta da falta de conhecimento que a sociedade tem do complexo percurso da Justiça — algo que, de fato, poderia ser mais bem divulgado.

Importante seria o aprimoramento para reduzir a burocracia judiciária e os numerosos recursos, que facilitam postergações do andamento dos processos e fugas de réus. Elaborar instrumentos que controlem a presença dos advogados, sobretudo os dativos, melhoraria sobremaneira o andamento dos processos. Uma legislação mais restritiva evitaria o desaparecimento de réus e testemunhas. Veremos, neste capítulo, os casos que nos levaram a tais conclusões.

A Justiça e o Tribunal do Júri

O PERCURSO DO PROCESSO CRIMINAL

No andamento dos processos criminais de homicídio há duas fases. Concluídos os inquéritos policiais, eles são enviados ao Ministério Público, onde serão analisados pelo Promotor de Justiça que, se for o caso, denuncia o autor do crime. Os autos são então examinados pelo Juiz de Direito que recebe a denúncia. A seguir, o acusado é citado e interrogado. É dado prazo ao réu para interrogatório e apresentação de sua defesa. Depois, são novamente ouvidas as testemunhas de Acusação e, posteriormente, as de Defesa. Todos estes atos se dão na presença do Promotor de Justiça e do Defensor (do Estado ou particular), e os depoimentos podem se repetir *quantas vezes* for necessário. É dado prazo para as alegações finais e o processo criminal é remetido à decisão do Juiz de Direito, que pode proferir *pronúncia, impronúncia, desclassificação* ou *absolvição* do réu. Se o réu for pronunciado, o processo criminal é remetido ao Tribunal do Júri. Este Tribunal é composto por um Juiz e 21 jurados, dentre os quais são sorteados 7 para constituir o Conselho de Sentença. A sentença de pronúncia autoriza o Promotor de Justiça a continuar com os atos persecutórios constituídos pelo libelo e a acusação em plenário.

Procurarei detalhar a dificuldade da leitura dos autos sobretudo para profissionais de outras áreas que não o Direito, as inúmeras repetições dos depoimentos e as alterações que testemunhas e réus fazem ao longo do tempo, alguns orientados pelos respectivos Defensores.

2. COMO ESTÃO OS PROCESSOS: ARQUIVADOS, SUSPENSOS, IMPRONUNCIADOS, ENCERRADOS?

Dos processos estudados nesta pesquisa, *apenas 18% foram encaminhados para julgamento pelo Tribunal do Júri*. Os demais 82% foram arquivados, suspensos, impronunciados ou, por outras razões, não foram a julgamento. É possível generalizar esta constatação graças à metodologia adotada.

Do total de casos enviados para julgamento popular, 14% foram condenados. No cômputo geral permanece a indagação sempre ouvida: por que tão poucos? Em nome do inquestionável direito de defesa do acusado, os trâmites do Judiciário acabam por lhe facilitar a fuga. Analisemos um exemplo apenas (retornaremos a processos semelhantes) para revelar os obstáculos legais interpostos pelo atual Código Penal e que acabam facilitando a fuga do réu. Trata-se de um crime cometido na área de serviço de um posto de gasolina, local aberto ao público, presenciado por várias pessoas que trabalhavam no local.

MATOU A CHEFE, FUGIU, E O PROCESSO ESTÁ SUSPENSO

Em *5 de janeiro de 1997*, Ironildo Barbosa de Medeiros Lima, 27 anos, separado, branco, matou Maria Donizete Ferreira, 40 anos, casada e mãe de dois filhos.[36] Chamada, a Polícia Militar encaminhou a notícia do crime à Delegacia de Polícia. Instaurou-se inquérito policial, no qual foram ouvidas várias testemunhas, presentes ou não ao local do ocorrido. Sobre a personalidade do assassino, depuseram seu irmão e um colega de trabalho. O primeiro informou ser ele um trabalhador. O segundo relatou que Ironildo estava armado (tinha porte de arma por ser segurança em outro local) e se desentendera com um cliente do posto, ameaçando-o com um revólver, quando foi contido pelos colegas. Maria Donizete, sua chefe, que tinha entrado no serviço às 6 horas da manhã, atendeu a um telefonema, supostamente do mesmo cliente, reclamando o tratamento recebido no posto. Ela foi falar com Ironildo. Houve discussão entre os dois e ouviu-se um tiro. Uma testemunha contou que Ironildo, ao sair, "disse tchau", e acrescentou: "agora ela não fala mais nada".

---

[36] Processo criminal nº 372/97, do 1º Tribunal do Júri.

A Justiça e o Tribunal do Júri

Os autos foram enviados ao Fórum do Distrito e *as mesmas testemunhas, juntamente com outras*, foram ouvidas pelo Juiz de Direito perante o Promotor de Justiça e pela Defesa.

O cabo da Polícia Militar que atendera o caso informou que soubera que o acusado consumira bebida alcoólica. O marido de Maria Donizete disse que a esposa trabalhava e ajudava no sustento dos filhos e com a escola. Outro frentista, apresentado como testemunha de "acusação" (?), informou que "o pessoal comentava que a vítima dava em cima do acusado, e que Maria Donizete o repreendeu dizendo que ele não era homem, que ele não tinha nada que puxar arma para ninguém pois ele não tinha coragem de atirar". Outra testemunha, funcionária do posto, que no inquérito policial dissera que "desconhecia a vida particular tanto do acusado como de Maria Donizete", agora informava que "a vítima gostava do acusado, que morava na mesma casa que o marido, mas estavam separados, e que ela (Maria Donizete) gostava de um outro rapaz chamado Ricardo".

As duas últimas testemunhas, como se vê, repetem o antigo procedimento de deformar o caráter da vítima, culpando-a pela própria morte.

Em *18 de novembro de 1997*, o Promotor Público ofereceu a denúncia, e um ano após o crime, em *27 de fevereiro de 1998*, o réu foi pronunciado pelo Juiz. Era tarde. O réu, que estava até então em liberdade, nunca mais foi encontrado. O processo acha-se *suspenso*.

Por que, havendo tantas provas contra Ironildo, ele ficou em liberdade? Se a lei lhe facultava este direito, esta disposição legal é ineficiente e precisa ser revista.

Os casos "suspensos", semelhantes ao do fugitivo assassino de Maria Donizete, somam 24% dos processos, como se vê no Quadro 6.1.

A extraordinária impunidade fica clara quando 50% dos processos criminais são arquivados devido ao "desaparecimento" do réu, ou de testemunhas.

Quadro 6.1
SITUAÇÃO DOS PROCESSOS CRIMINAIS (%)

Decisão	Número de processos					
	1º TJ	2º TJ	3º TJ	4º TJ	5º TJ	Total
Processos que não foram a Júri, sem julgamento definitivo						
Arquivados	39	33	(4)	81	83	50
Suspensos	33	(2)	43	(1)	(1)	24
Impronunciados	(1)	–	(1)	–	–	(2)
Absolvidos	(1)	(2)	–	–	–	(3)
Outros	(1)	(2)	–	–	–	(3)
Processos julgados						
Culpados	(2)	(4)	(3)	(2)	(1)	14
Absolvidos	–	–	–	–	–	–
Total	100	100	100	100	100	100
	(18)	(15)	(14)	(16)	(12)	(75)*

Arquivados: casos de criminosos não identificados; casos com provas inconclusivas; casos de falecimento do réu; caso de suicídio da vítima (3º TJ, PC nº 268/97).

Suspensos: casos em que o réu estava foragido.

Impronunciados: casos com indícios de autoria insuficientes.

Absolvidos: casos de isenção penal devido a insanidade mental do réu.

Outros: processos em aberto (réu foragido e testemunhas não localizadas); processos com decisão desconhecida.

* Número de processos, não de pessoas.

Além da fuga, há outras difíceis circunstâncias para localizar tanto o réu como as testemunhas. Quando o réu se muda para outra cidade ou Estado, o Juiz envia uma carta precatória para que ele seja removido para o local onde está sendo julgado. Às testemunhas, solicita-se que sejam ouvidas em juízo no local onde se estabeleceram.

A localização é demorada e dificultada pela falha comunicação entre os diferentes fóruns. Junte-se a estes os casos de criminosos não identificados, processos cujas provas são inconclusivas e casos como o falecimento do réu, e conheceremos por que tão poucos são levados a Júri.

Por outro lado, os processos que chegam ao Tribunal do Júri não ficam pendentes por longo tempo. Em média gastam-se, nos vários passos do processo até a decisão do Juiz de pronunciar ou não o acusado, cerca de 1 a 2 anos (46%). Entre a pronúncia e a instalação do Tribunal do Júri há outras interferências.

Quadro 6.2
TEMPO DE DURAÇÃO DOS PROCESSOS CRIMINAIS
EM ANOS (%)

	Número de processos					
	1° TJ	2° TJ	3° TJ	4° TJ	5° TJ	Total
Menos de 1 ano	–	–	(1)	(1)	(1)	(3)
1 ano	(2)	(2)	(2)[1]	31[2]	58	21
2 anos	33	(4)	–	(4)	(2)	25
3 anos	(1)	(3)[3]	(1)	(3)	–	10
4 anos	(3)	(3)	(2)	–	(1)	13
5 anos	(4)	(2)	36	(2)	–	18
6 anos	(1)	–	(2)	–	–	(3)
7 anos	–	–	(1)	–	–	(1)
8 anos	(1)	–	–	–	–	(1)
9 anos	–	–	–	(1)	–	(1)
Desconhecido	–	(1)	–	–	(1)	(2)
Sem informação	–	–	–	–	–	–
Total	100	100	100	100	100	100
	(18)	(15)	(14)	(16)	(12)	(75)

[1] Um caso de vítima que se suicidou (PC n° 268/97).
[2] Um caso de vítima sobrevivente (PC n° 65/97).
[3] Um caso de vítima sobrevivente (PC n° 88/97).

Como membro do Júri de Vila Mariana tive a oportunidade de ser convocada várias vezes, e constatei que o julgamento era retardado por falhas de organização tais como: o réu "*não compareceu*" por não haver *transporte* do presídio onde se encontrava até o local do julgamento; o advogado dativo faltara ou nem fora avisado. Outra forma de retardar o julgamento ocorre pela ausência do advogado particular ou por seu pedido para adiamento do processo. O Promotor também pode pedir um adiamento. Claro que sempre há justificativas apoiadas em argumentos jurídicos, na saúde do réu, e assim por diante.

Analisaremos, a seguir, processos em que o réu encaminhado ao Júri foi condenado.

3. O JÚRI

O Conselho de Sentença é popularmente conhecido como "Júri", expressão que passarei a usar quando me referir à instalação do mesmo no Fórum onde ocorrerá o julgamento.

Na literatura sobre a violência contra a mulher, o livro de Marisa Corrêa (1983) é um marco pioneiro nos estudos sobre os processos criminais, e especialmente sobre o Júri. A autora mostra irrefutavelmente como nos julgamentos dos assassinos de mulheres dá-se uma encenação teatral. Sabiamente demonstrou como

> "no momento em que os atos se transformam em autos, os fatos em versões, o concreto perde quase toda sua importância e o debate se dá entre os atores jurídicos, cada um deles usando a parte do 'real' que melhor reforce o seu ponto de vista. Neste sentido, é o real que é processado, moído, até que se possa extrair dele um esquema elementar sobre o qual se construirá um modelo de culpa e um modelo de inocência" (Corrêa, 1983: 40).

Os processos antes analisados confirmam a tese de Corrêa, talvez menos dramaticamente diante da simplificação dos argumentos apresentados. Mais recentemente, Shritzmeyer (2001) definiu em três vertentes a lógica das representações simbólicas que ocorrem no Tribunal do Júri da cidade de São Paulo: o *jogo*, o *drama* e o *ritual*. O *jogo* perante o Júri consiste nas argumentações, no tempo das sessões, na forma de organização dos discursos para a persuasão dos jurados.

A Justiça e o Tribunal do Júri

A analogia com o jogo leva Shritzmeyer a concluir que o julgamento estaria baseado menos na morte em si e mais na construção discursiva e imaginária do ocorrido. Convincentemente afirma que o ato de matar alguém pode ou não ser socialmente aceito. Ou, como afirmou Corrêa sobre os julgamentos, o confronto entre a ordem jurídica e a norma social fará com que a ação do réu seja "legitimada, como previsto no código legal, se ele (ou ela) provar que a quebra da norma jurídica justifica-se pela defesa de normas sociais mais relevantes do ponto de vista do grupo julgador" (1983: 26).

O exemplo mais recente desta ruptura da norma jurídica em favor das normas sociais foi a absolvição de uma mulher que matou um rapaz de 15 anos, preso em flagrante ao estuprar seu filho de três anos.[37] Diz o noticiário que o Júri acatou o argumento de que ela matara "em defesa da honra" do filho. A Promotoria também aceitou o mesmo argumento valorativo ao afirmar que ela agira "sob violenta emoção".

Acatar as normas sociais mais que as jurídicas explica por que a Defesa usa o amor, a paixão e a perda dos sentidos em favor do homem que mata uma mulher. Observei que, se este argumento não tem servido para inocentar o réu, é aceito para eliminar a qualificação do crime que aumentaria a pena. A justificativa cabe também para outros assassinatos, como no processo de Suzane von Richthofen, cujo defensor, Mauro Otávio Nacif, afirma: "Mulher apaixonada é capaz de qualquer coisa, até de matar".[38]

Estamos muito influenciados pelos filmes americanos em que os jurados aparecem discutindo entre si a decisão que será tomada. No Brasil é inteiramente diferente. Após serem ouvidas a Promotoria e a Defesa, além das testemunhas dos dois lados, o Juiz encaminha os componentes do Júri a uma sala reservada, on-

---

[37] *Folha de S. Paulo*, 10/11/2006, C11.

[38] Suzane é acusada de ser co-autora do crime em que seus pais foram assassinados (*Folha de S. Paulo*, 6/6/2006, C4).

de eles *não* poderão conversar entre si. Nesta sala os jurados devem preencher um questionário onde indicam: 1) Se o crime foi cometido pelo réu; 2) Se o réu provocou os ferimentos relatados; 3) Se estes foram a causa da morte da vítima; 4) Se houve emprego de meio cruel; 5) Se há circunstâncias atenuantes em favor do réu. Cada jurado deve tomar sua decisão com independência e sem influência dos demais. A partir destas respostas o Juiz determinará a pena a ser aplicada.

Dos julgamentos a que assisti em 2003 e 2004, os advogados de Defesa eram figuras pálidas diante da argumentação dos Promotores e Promotoras de Justiça e aos depoimentos das testemunhas incriminadoras trazidas por eles e elas.

Em um dos casos, o Promotor de Justiça deixou que o testemunho final, perante o Júri, fosse o depoimento do filho cuja mãe fora morta por seu pai. O filho relatou que a mãe fora à Santa Casa buscar remédio para tratar a diabetes de um outro filho. Ao voltar encontrou o marido completamente bêbado, que lhe perguntou aonde tinha ido. Apesar da resposta, ele mais uma vez a agrediu violentamente. Ela se refugiou no quarto do casal, onde o marido acabou por matá-la com as próprias mãos. O filho e mais um amigo socorreram a mãe, que chegou morta ao hospital. O filho pediu que seu depoimento não fosse assistido pelo pai, o que foi acatado. O Promotor considerou que este testemunho era suficientemente forte para que ele prescindisse de outras testemunhas. E, de fato, o Júri condenou o réu.

Contudo ele teve o direito à apelação *em liberdade*, por ser primário, ter residência fixa etc., o que foi concedido imediatamente pelo Juiz. Conversando, posteriormente, com o Juiz, perguntei se ele achava que o réu voltaria para o novo julgamento. Ele mostrou convicção de que o réu não fugiria, pois ficara claro que era culpado e se apresentara espontaneamente para o primeiro julgamento. Além disso, afirmou: "Mesmo que fugisse, ele sempre seria um condenado".

Confesso que me surpreendi não apenas com a resposta do Juiz, mas com o que vi ao sair do Tribunal. Encontrei o pai assassino juntamente com o filho, testemunha de acusação, e mais algumas pessoas conhecidas que vieram assistir ao julgamento. Todos juntos conversavam e se dirigiam para tomar algum transporte! Fiquei imaginando o próximo passo do processo: Será que o filho manteria as mesmas acusações contra o pai? Será que o réu voltaria? Será que "eventualmente outras circunstâncias não serão lembradas" para inocentar o réu?

A sociedade e a Justiça têm interpretações diferentes acerca dos mesmos delitos. Por outro lado, a sociedade não é homogênea em seus valores; o mesmo ocorre com o Judiciário. Esta variação se aplica às decisões sobre vários delitos, inclusive nos assassinatos de mulheres. O Código Penal permite várias interpretações, as quais tenderão a refletir a posição ideológica dos Juízes e dos jurados. Como é do primeiro que sai a palavra mais importante e ele é dotado de poder, o ajuste da pena refletirá seus valores, embora revestido de uma justificativa técnica.

Vejamos outros casos levados a Júri, com diferentes conclusões. Procurei manter, sempre que possível, a linguagem encontrada nos autos, desde a transcrição do BO até o inquérito, a argumentação do Promotor, da Defesa e do Juiz. Trata-se de uma linguagem própria do Direito, complexa para estudiosos de outras áreas.

4. RÉUS CONDENADOS

MATOU A MULHER.

CONDENADO POR CRIME HEDIONDO

Amélio Francisco dos Santos matou Neuza Aparecida Arruda em 5 de janeiro de 1997.[39]

Ela tinha 25 anos, era diarista. Ele, 32 anos, era letrista em faixas. Casados, tiveram dois filhos. O crime ocorreu pela manhã,

---

[39] Processo criminal nº 32/97, do 1º Tribunal do Júri.

às 8h50, no quarto em que moravam, no bairro da Liberdade, em São Paulo. Conforme relatos de vizinhos, o assassino deu 12 facadas na mulher. A faca se quebrou e ficou enterrada nas costas de Neuza Aparecida. Ele tentou esganá-la com um travesseiro e, enquanto ela gritava, ele foi à cozinha em busca de outra faca. Em seguida, Amélio tentou se matar por enforcamento e ainda cortou seu pênis. Foi salvo por um soldado da Polícia Militar, segundo uns, ou pelo filho do dono da pensão, segundo outros. Foi levado para o Hospital Municipal, onde acabou preso e enviado à Casa de Detenção.

Em 4 de fevereiro de 1997, Amélio foi interrogado pelo Juiz, e, em seu depoimento, disse não se lembrar de nada. Contou que tiveram um filho e o outro não sabia se era dele. Brigavam muito, e ele disse: "minha vida era igual Irã, Iraque... não sei onde estão as crianças. Disseram que estavam no SOS Criança. Minha mulher dizia para mim que estava comigo pra me foder". Amélio afirmou que teve um processo em Minas, mas não compareceu pois estava no Rio, "fazendo um tratamento para a cabeça, porque na época estava perdendo a noção das coisas, assim como atualmente, não tenho bem noção do que faço...". A Juíza solicitou um exame de sanidade mental e um advogado dativo (durante o processo houve pelo menos dois dativos).

Na audiência, para ouvir as testemunhas, o réu chegou atrasado (embora estivesse preso), após a apresentação das mesmas. Em seu testemunho, o dono da pensão onde moravam disse que Amélio não parecia desequilibrado e que matara a mulher na frente de duas filhas, de 3 e de 5 anos.

Nova audiência em 22 de maio de 1997, que foi invalidada pela ausência de uma das testemunhas.

Em 16 de junho de 1997 houve outra audiência, sendo a testemunha substituída por sua esposa. Nesta ocasião faltou a advogada defensora, que não fora avisada da audiência. A testemunha disse que conhecia o casal de longa data, que brigavam muito e ele batia na mulher. O casal brigava, se separava e voltava. Uma vez ela apareceu de olho roxo, "mas uma vez só".

A Justiça e o Tribunal do Júri

Em 4 de julho de 1997, nova audiência com pedido que se avisasse a dativa. Esta não compareceu; foi designado um advogado *ad hoc*. O réu foi pronunciado e o caso foi a Júri, pois havia indícios suficientes da autoria. *O réu é imputável e o crime hediondo. Portanto, vai aguardar o julgamento preso.* Como continuamente temos visto, a decisão de manter o réu preso até o julgamento é variada e depende de alguns fatores, inclusive dos recursos financeiros dos réus, que podem contratar habilidosos defensores. O julgamento foi marcado para 15 de julho de 1998, *um ano e meio depois do assassinato*. A Juíza pediu à Procuradoria de Assistência Jurídica (PAJ) um novo advogado. Realizado o julgamento assim foram as perguntas e respostas do Júri:

1º) O réu provocou os ferimentos?

7 sim x 0 não.

2º) Estes ferimentos foram a causa da morte da vítima?

7 sim x 0 não.

3º) Houve emprego de meio cruel?

7 sim x 0 não.

O réu foi condenado por "homicídio qualificado pelo emprego de meio cruel contra a vítima".[40] A sentença proferida pelo Juiz em 15 de julho de 1998 condenou o réu a 14 anos de prisão em regime fechado. Por ser crime hediondo, não pode recorrer em liberdade.

Um ano e meio havia se passado após o crime. A Defesa entrou com recurso dizendo que a repetição das facadas não configurava "meio cruel". Afirmou que "Está-se diante de um crime passional, de esposo contra sua mulher, em momento de fúria incontrolável" (pois esta o estaria traindo). O apelante teve uma "atitude impulsiva". Por estas razões pedia a redução da pena para 12 anos.

Não obteve provimento e a conclusão final do julgamento se deu em 3 de setembro de 1999, dois anos e meio após o crime.

---

[40] Artigo 121, parágrafo 2º, inciso III do Código Penal.

No processo de Amélio atuaram sucessivamente três Promotores, três advogados dativos e dois Juízes. Estas variações ocorrem por várias razões, como férias, doenças, mudança do local de trabalho dos profissionais, designação para outras atividades etc. Já no caso dos advogados dativos, designados e pagos pelo Estado, a variação tem outros motivos, tais como: impedimento do profissional por outras atividades, como forma de postergar o processo para encontrar novas testemunhas, até mesmo problemas de comunicação entre o Fórum e o dativo. Há ainda casos de ausência não justificada. Certamente estas substituições podem acarretar prejuízo ao réu caso o profissional não tenha tempo suficiente para estudar o processo, o que não é raro. O contrário também pode ocorrer, conforme a "habilidade" da Defesa. O réu, Amélio, aguardou preso durante todo o processo, desde a ocorrência do crime até a sentença, embora houvesse impetrado recurso. Há uma clara contradição entre os que aguardam o julgamento em liberdade e os que permanecem presos. Ao contrário de Amélio, outros, como Pimenta Neves,[41] aguardam em liberdade um novo julgamento, após recurso interposto à Justiça; ou como Igor Ferreira da Silva, Promotor do Estado, que nem compareceu ao seu próprio julgamento. Como se explicam estas diferenças, senão pela "habilidade" dos advogados de Defesa, que recorrem a tecnicidades?

Quanto ao Júri, ele é composto de pessoas a partir de listas eleitorais da área de abrangência do Fórum. Observei que alguns

---

[41] "O jornalista Antonio Pimenta Neves, 69, foi condenado nesta sexta-feira a 19 anos, 2 meses e 12 dias de prisão pelo assassinato da ex-namorada, a também jornalista Sandra Gomide, ocorrido há quase seis anos. Ele recorrerá em liberdade. O juiz Diego Ferreira Mendes, de Ibiúna (64 km a oeste de São Paulo), entendeu que Pimenta Neves obteve de tribunais superiores o direito do recurso em liberdade. Após o crime, ele passou sete meses preso e, em março de 2001, conseguiu uma liminar do STF (Supremo Tribunal Federal) para aguardar o julgamento fora da prisão" (*Folha Online*, 5/5/2006).

jurados contavam participar de numerosos Júris. Entre os demais sorteados há os que comparecem e os que, convocados, faltam às audiências sob justificativas encaminhadas ao Juiz. Embora os dados sobre os jurados não constem sistematicamente nos autos, pode-se traçar um perfil aproximado.

O Júri é composto eqüitativamente de homens e mulheres. As atividades profissionais são variadas, tais como vendedores, funcionários públicos, professores, técnicos em administração, gerentes, comerciantes, profissionais de informática, profissionais liberais (advogados, biólogos, cineastas), profissionais sem qualificação (babás, manobristas), entre outros. São pessoas alfabetizadas, de classe média ou média baixa. Para a composição do Conselho de Sentença, os advogados de Defesa e os Promotores podem recusar, cada um, até três entre os sorteados, que serão então substituídos por outros entre os demais convocados presentes. Se o Júri representa a sociedade, esta condenou Amélio. Avaliando as respostas aos quesitos respondidos, é difícil entender o que teria levado a Defesa a apontar atenuantes que constam do Código Penal, como "violenta emoção" e um "momento de desvario", em favor do réu. Será que ainda perduram na sociedade estes tipos de justificativa para a violência doméstica, interpessoal e para os crimes contra a mulher? Aparentemente *não*, diante da recusa da redução da pena e dos votos proferidos pelo Júri.

MATOU POR "ENGANO".

RÉU CONDENADO (1997-2002)

O presente caso tramitou durante 5 anos, durante os quais participaram três Promotores (um na Denúncia, um em Juízo, um no Júri); três advogados do Estado (dois em Juízo e um no Júri) e dois Juízes. A substituição de profissionais é muito comum, como já apontei anteriormente. Rosangela Francisca do Nascimento,[42] de 22 anos, "do lar" no BO, auxiliar de cozinha no formu-

---

[42] Processo criminal n° 931/97, do 2° Tribunal do Júri.

lário do IML, foi morta em 14/7/1997 por Josemildo André Inácio (Doca), 25, estampador. Este não tinha antecedentes criminais, mas foi condenado a dois anos e quatro meses em regime fechado.[43] Ela tinha um filho. Rosangela foi assassinada por arma de fogo, em pleno meio-dia, na rua. Após o crime o acusado fugiu, mas seus dados foram fornecidos por testemunhas, inclusive pelo marido de Rosangela. Este, no inquérito policial, declarou que "quando chegou ao local, a esposa estava caída na rua já sem vida, defronte ao portão de casa. Vizinhos informaram ao depoente que o indiciado Josemildo, ao discutir com a própria irmã, de arma em punho, ao disparar contra a mesma, errou o alvo, vindo a acertar na vítima". Consta dos autos que: "O declarante sabe que o assassino é traficante de drogas, tendo ponto em seu próprio barraco, no local, e andava armado, disparando tiros no meio da rua, não se importando com a presença das pessoas... provavelmente para intimidar os moradores do local".

Uma segunda testemunha, vizinho, "afirmou que o assassino é traficante de drogas, e possuía um barraco ali, próximo ao local dos fatos, onde guardava a droga para distribuição. De vez em quando este traficante pernoitava no barraco... No dia dos fatos, o depoente encontrava-se na favela e pôde presenciar Josemildo discutir com a irmã. Armado com revólver, atirou primeiro para cima e, em seguida, disparou em direção à própria irmã, todavia acabou acertando mortalmente Rosangela... O depoente sabe que Josemildo andava sempre armado e constantemente disparava o revólver no meio da favela, sem se importar com as pessoas".

Uma terceira testemunha informou que "conhece Josemildo, vulgo 'Doca', bem como o homossexual conhecido por 'Paloma', sendo este vendedor de drogas do primeiro e que habitava a parte superior de seu barraco". A depoente presenciou os fatos. Conta que em discussão entre a vizinha Josilda, irmã de

---

[43] Artigos 180, 157 e 155 do Código Penal.

A Justiça e o Tribunal do Júri

"Doca", com "Paloma", sobre a existência de uma escada que estava colocando em risco as crianças da favela, Paloma chamou Doca, que chegou na favela xingando a irmã. Durante essa discussão, agora entre Josilda e Doca, este sacou um revólver e atirou para cima. Neste momento a depoente colocou os filhos para dentro do barraco e, quando voltou para pegar a caçula, presenciou Rosangela levar um tiro na cabeça, no momento em que esta também corria para pegar o filho. Aparentemente Doca não quis acertar Rosangela, pois o tiro era para a própria irmã.

A quarta testemunha é a irmã do assassino. No momento da discussão, segundo a depoente, "ele efetuou um disparo para o alto, tentou efetuar outros, mas a arma falhou, então foi embora. Logo em seguida, a depoente ouviu uma gritaria da vizinhança e, quando saiu de seu barraco, viu a Rosangela caída no chão e sangrando. Imediatamente a depoente pegou seu filho e o filho de Rosangela e foi até a guarita da PM próxima dali". "A depoente não viu Josemildo atirando em direção a Rosangela ou em sua própria direção." Segundo a depoente, "ele não tinha nenhuma desavença com Rosangela, não tendo motivo para matá-la. Ele realmente chegava na favela e disparava a arma sem motivo, sem se preocupar com os moradores, mas nunca acertou ninguém. Ele saiu da Casa de Detenção há menos de dois meses. A depoente não sabe onde ele está morando, pois na verdade ele não tinha residência fixa".

De acordo com o laudo de exame do corpo de delito, Rosangela levou um tiro na cabeça na altura da orelha. Há uma foto do local e cinco fotos da vítima.

Houve reconhecimento fotográfico do assassino pelas testemunhas. Em setembro de 1997, em concordância com o delegado, o Juiz decretou a prisão temporária de Josemildo por 15 dias. "A autoridade, se necessário, poderá requerer prorrogação do prazo da prisão."

Ainda em setembro de 1997, "no auto de qualificação e de interrogatório, o acusado:... recolhido na cadeia do 90º Distrito Policial foi cientificado da acusação que lhe é feita... respondeu que manifesta o desejo de permanecer calado, para pronunciar-se somente em juízo".

Nas informações sobre a vida pregressa do indiciado, consta que "é filho legítimo, não dá-se ao uso de bebidas alcoólicas ou outros tóxicos". É amasiado com "vida conjugal harmônica". "Tem três filhos legítimos. Reside em casa própria e não coletiva... Não possui bens imóveis, nem depósitos em bancos. Ganha R$ 800,00."

Procura-se construir para o réu um *perfil de homem de família, íntegro e pai responsável.* Argumentos usados no passado, sempre revisitados, são aqui apontados para comprovar as qualidades do réu e assim livrá-lo do peso do assassinato. Ou, como disse Evandro Lins e Silva, o que se julga é o homem, e não o crime. À pergunta se "está arrependido pela prática do crime por que responde agora, ou acha que a sua atitude foi premeditada e o fim alcançado estava na sua vontade? Respondeu que está arrependido".

Na denúncia (2/10/1997), o Promotor recupera e reproduz todos os informes das testemunhas: "No dia..., por volta das 12h30, na rua... Jardim Guança... Josemildo... por motivo fútil efetuou disparo de arma de fogo na direção de sua irmã Josilda André Inácio. Devido a erro na execução, Rosangela... foi atingida pelo disparo..., que lhe causou os ferimentos... que foram a causa de sua morte. Segundo o apurado, devido ao fútil motivo de Josilda estar discutindo com uma pessoa conhecida por 'Paloma', quanto a uma escada que colocava em risco as crianças da favela, o indiciado efetuou disparo... contra sua irmã, com a intenção de matá-la. Porém, o projétil, desviando-se da direção desejada devido a erro na pontaria, veio a atingir Rosangela, que acabou falecendo".

Nesta mesma data, é emitido mandado de prisão para o réu, que já estava recolhido no 90º DP por outro crime.

Passou-se à fase de Juízo em que o réu, Josemildo André Inácio, procura negar que conhecia Paloma, fez um disparo para o alto e acabou matando por acidente. Segundo o acusado, "hou-

A Justiça e o Tribunal do Júri   147

ve uma discussão entre sua irmã e um travesti do qual não tem certeza se se chamava Paloma. O acusado viu essa discussão e percebeu que outras pessoas estavam querendo se envolver; então, como ele estava armado, fez um disparo para o alto. Na hora em que o acusado baixou o revólver, o mesmo disparou acidentalmente". Afirma: "Não sei explicar como a Rosangela foi atingida, porque ela não estava por perto no meio da discussão. Eu não tinha visto ela. Rosangela era uma grande amiga minha. Ela, o marido e a família".

Ainda em seu depoimento, consta que: "O acusado não sabe por que estão dizendo que ele havia efetuado disparos na direção de sua irmã Josilda na hora dos fatos. O acusado afirma que nunca teve problemas com a irmã. Sempre que o marido dela estava desempregado eu dava uma força para ela... Inclusive recebi uma carta dela em que ela me dizia que iria arrumar um advogado para mim". A versão do réu é completamente distinta da das testemunhas. Durante o Júri repetem-se depoimentos tais como:

1ª testemunha (3/12/1997): irmã do réu.[44] Declara-se faxineira. Procura inocentar o irmão, modificando o que dissera em depoimento anterior, ajustando-se ao relato do réu, seu irmão. "A depoente afirma que discutiu com Paloma, que mudou-se para local ignorado... No momento da discussão, muitas pessoas rodearam a depoente para assistir... O réu foi avisado, e quando chegou, atirou para cima para dispersar as pessoas. Segundo a depoente, o réu não atirou em sua direção, pois ele não tinha motivos para fazê-lo. O *réu não conhecia* Paloma... segundo a depoente, o réu *não tinha costume de andar armado*... não viu o réu atirando, por isso não sabe para onde o mesmo apontou a arma". Sobre Paloma, "a depoente declara que havia um *comentário* na favela de que este travesti trabalhava para o réu, que atuava no *tráfico de drogas*. Porém, a declarante afirma que *depois que o réu saiu da cadeia, não estava mais se envolvendo em*

---

[44] Depõe independentemente de compromisso por ser irmã do réu.

atividades ilícitas... segundo a depoente, antes de ser preso, muito antes dos fatos, o réu costumava realmente disparar arma de fogo na favela, mas nunca havia atingido ninguém... afirma que não tem medo do réu e não foi ameaçada por ele".

2ª testemunha (19/12/1997): esposa do réu. Cabeleireira. "Sou esposa do réu. Ele foi preso porque foi acusado de um homicídio. Ocorre que ele não praticou esse crime. Eu não presenciei os fatos. Mesmo assim, eu conversei com ele e ele me disse que não atirou porque quis, foi um acidente." O réu "já esteve preso em outras ocasiões... porque é usuário de drogas. Por causa de seus problemas com a Polícia ele não trabalhava, eu é que sustentava a casa. O réu nunca foi violento".

Nas alegações finais (14/1/1998), o Promotor mantém o relato da denúncia. "No mérito: 1) A materialidade está provada...; 2) Em relação à autoria não há dúvidas...; 3) A qualificada também está presente".

O Defensor Público (28/1/1998): "Não se vê possibilidade de ser o acusado levado a Júri Popular pela prática de crime de homicídio em sua modalidade dolosa... Em nenhum instante ventilou-se ter agido o réu com dolo, quer direto ou indireto...".

A Pronúncia do Juiz (30/1/1998): "Em resumo, há duas versões, uma delas apoiada nas palavras da irmã do acusado, apontando para um disparo acidental, e, outra, extraída da análise de informações colhidas na fase extrajudicial, indicando dolo contra Josilda. Nestas situações a manifestação do Conselho de Sentença é imprescindível. A qualificadora não está manifestamente contrária à prova dos autos. A própria Josilda informou que discutia com Paloma a respeito... quando o réu chegou atirando... O erro de execução também emerge, em princípio, da análise das provas, pois nada indica que Rosangela fosse o possível alvo de Josemildo. No tocante a agravante, deverá ser objeto de postulação em Plenário... Em face de seus antecedentes, o acusado não deverá aguardar o julgamento em liberdade".

No ano seguinte, em 2 de março de 1998, o acusado, através de seu Defensor, apresentou recurso em sentido estrito da sen-

A Justiça e o Tribunal do Júri

tença da pronúncia: o acusado "tentou apartar uma briga entre sua irmã e uma outra pessoa, efetuando disparo a esmo, o qual veio a atingir a vítima fatal... Não há qualquer prova de ter sido o crime cometido com a intenção de assim o proceder. Quando muito teria sido uma conduta culposa, conforme descreve a dinâmica dos fatos, bem como a prova colhida em juízo".

Nas contra-razões do recurso (11/3/1998), o Promotor declara: "Para a sentença de pronúncia exige-se, apenas, meros indícios suficientes de autoria e prova da materialidade". "Por razões de foro íntimo, já devidamente comunicado verbalmente tanto ao acusado quanto a seus familiares, *renunciaram* a todo e qualquer poder recebido, através do instrumento junto ao auto, requerendo seja o acusado intimado para constituir novo defensor."

Em 8 de maio de 1998 esta renúncia é tornada sem efeito (!). O recurso foi negado em 19 de outubro deste mesmo ano. Em 14 de dezembro de 1998, o acusado, por intermédio de seu advogado, apresenta recurso especial ao Colendo Superior Tribunal de Justiça. Mais um ano se passa e, em 3 de fevereiro de 1999, o Procurador-Geral de Justiça pede que o recurso especial seja negado, o que ocorre em 17 de fevereiro de 1999.

Passa-se ao libelo-crime acusatório (14/3/1999), no qual "diz a Justiça Pública do autor, por seu Promotor de Justiça, contra o réu... qualificado... por esta ou na outra forma de direito, o seguinte. E *provará*: 1) Que no dia..., por volta das..., na rua..., ..., nesta comarca, o réu... efetuou disparo de arma de fogo contra Josilda...; 2) Que o disparo anteriormente desfechado pelo réu, desviou-se da direção e, por erro de execução, atingiu Rosangela... causando-lhe os ferimentos descritos no laudo de exame necroscópico; 3) Que estes ferimentos foram a causa da morte de Rosangela; 4) Que o réu agiu por motivo fútil, uma vez que ele efetuou o disparo somente porque Josilda discutia com uma pessoa conhecida por 'Paloma' quanto a uma escada que colocava em risco as crianças da favela; 5) Que o disparo foi efetuado contra a irmã do acusado. — Ante o exposto, pede-se a condenação do réu... incurso no artigo 121, parágrafo 2º, inciso II, combinado com os artigos 61, inciso II, alínea "e", e 73, todos do Código Penal".

Em 7 de junho de 1999, o Defensor renuncia (!) e requer seja o mesmo (réu) intimado a constituir novo Defensor, ou lhe ser nomeado um dativo. Em 18 de agosto de 1999 é nomeado um Defensor dativo: "O advogado que esta subscreve, honrado com a nomeação para oferecer a Defesa do acusado... respeitosamente vem à presença de Vossa Excelência, para informar a esse mesmo Juízo que o libelo será contrariado em plenário". Pede que sejam ouvidas em plenário as testemunhas: Josilda (irmã do acusado) e José de Oliveira Fontes.

Finalmente o caso iria a Júri, isso se o julgamento, marcado para o dia 4 de novembro de 1999, não tivesse sido *adiado e remarcado* para o dia 26 de janeiro de 2000, pois o Defensor do réu mandou um fax avisando que não iria. No dia 26, *quem não compareceu para ser julgado foi o réu* e o julgamento foi redesignado para o dia 4 de abril de 2000.

Em 9 de fevereiro o delegado responsável pelo 33º Distrito Policial, em que o réu estava preso, se justificou perante o Juiz afirmando que "cumpre-me informar a Vossa Excelência que esta unidade não conta com os recursos, tanto humanos como materiais, para fazer a apresentação de réu em audiências previamente marcadas, estando tal função a cargo de policiais do CCA e Divisão de Capturas. Assim, desconhecemos o motivo da não apresentação do réu... na audiência marcada".

Problemas de comunicação, organização, transporte, tudo contribui para criar novos obstáculos, que aumentam o trabalho dos Juízes, Promotores, advogados e retardam o andamento dos processos, o que, eventualmente, também pode prejudicar o réu.

Já se passaram três anos do assassinato. No *Julgamento* (4/4/2000), o "réu Josemildo André Inácio (reincidente) manteve depoimento anterior, acrescentando... que não tinha porte de arma e que havia encontrado a arma uns 2 ou 3 dias antes em seu quintal... Afirma que é amasiado e tem 3 filhos. Antes de ser preso tra-

A Justiça e o Tribunal do Júri

151

balhava como disc-jóquei... Nega ter tido qualquer envolvimento com drogas. Nega que tivesse feito qualquer disparo na favela antes do dia dos fatos... Foi até o local apenas para acalmar as pessoas. Atirou para cima com o objetivo de afastar as pessoas". Mais uma vez o réu altera seu depoimento e nega as afirmações de todas as testemunhas, inclusive da irmã que seria seu alvo. Procura se mostrar um bom pai. Entre as testemunhas de Defesa está a irmã do réu que "conta que no dia dos fatos estava discutindo com uma 'bicha' por causa de uma escada que colocava em risco as crianças do local. A discussão estava acalorada, razão pela qual chamaram o irmão da declarante". A declarante "afirma que estava a ponto de entrar em luta com a 'bicha' quando deram um tiro... Afirma que não viu o seu irmão com arma de fogo na mão e por isso diz não saber quem efetuou o disparo... Diz não ter medo de seu irmão, que nunca lhe fez nada de mal. Afirma ser 'lógico' que ele não queria matá-la. Nega ter dito na Polícia que seu irmão tinha o hábito de andar armado e disparar arma de fogo... não recorda de ter dito neste Fórum que seu irmão tinha o hábito de disparar arma de fogo na favela". A testemunha também nega os dados de seus depoimentos anteriores, refazendo-os agora em benefício do réu, seu irmão. Diz "que os policiais afirmaram que a declarante estava querendo esconder fatos em favor do irmão, tendo dito aos mesmos que só respondia o que sabia".

Seguem-se os quesitos apresentados pelo Juiz ao Júri, e a votação dada aos mesmos:

1º) O réu... efetuou disparo de arma de fogo contra Josilda André Inácio?

7 sim x 0 não.

2º) O disparo anteriormente desfechado pelo réu, desviou-se da direção desejada e, por erro na execução, atingiu Rosangela... causando-lhe os ferimentos...?

7 sim x 0 não.

3º) Esses ferimentos foram a causa de morte da vítima?

7 sim x 0 não.

4º) Assim agindo, o réu... deu causa à morte da vítima... em virtude da imprudência com que procedeu, consistente em efetuar disparo na presença de várias pessoas que se aglomeravam?

1 sim x 6 não.

5º) Assim agindo, o réu... deu causa à morte da vítima em virtude de imperícia em não desmuniciar a arma que portava antes de abaixá-la?

2 sim x 5 não.

6º) Agiu o réu por motivo fútil, uma vez que efetuou o disparo somente porque Josilda discutia com uma pessoa conhecida por "Paloma" quanto a uma escada que colocava em risco as crianças da favela?

4 sim x 3 não.

7º) O disparo foi efetuado contra a irmã?

6 sim x 1 não.

8º) É o réu reincidente?

7 sim x 0 não.

9º) Existem circunstâncias atenuantes em favor do réu?

1 sim x 6 não.

Como resultado do julgamento, decide o Juiz que "submetido a julgamento, o Conselho de Sentença do 2º Tribunal do Júri da Capital, votando o questionário, reconheceu a autoria, o erro na execução, a materialidade e a letalidade por unanimidade. A seguir, negou a ocorrência na modalidade de imprudência por 6 votos a 1 e na de imperícia por 5 votos a 2. Depois, afirmou por 4 votos a 3 a qualificadora do motivo fútil. Finalmente, afirmou a existência da circunstância agravante do artigo 61, II, alínea 'e', do CP, por 6 votos a 1 e por unanimidade de votos a reincidência. Por último, negou o quesito sobre a existência de circunstâncias atenuantes em favor do acusado por 6 votos a 1".

"Assim, de acordo com o veredicto dos Srs. Jurados, o réu praticou o delito tipificado no artigo 121, parágrafo 2º, inciso II, c.c. artigos 61, incisos I e II, alínea 'e', e 73, todos CP. Decidida, pois, a tipificação da conduta do réu, passo a aplicar-lhe a sanção merecida... Considerando as circunstâncias judiciais, previs-

A Justiça e o Tribunal do Júri

tas no artigo 59 do CP, que lhe são desfavoráveis, e também conforme afirmado pelos srs. jurados ao reconhecerem a presença de duas circunstâncias agravantes, *fixo a pena em 14 anos de reclusão*. Não há causas de aumento ou diminuição da pena... *O réu cumprirá a sua pena no regime* FECHADO, *conforme artigo 33, parágrafo 2º, letra 'a' do CP, e não poderá recorrer desta decisão em liberdade.*"

Embora o público leigo imagine que a condenação seja o final do processo, não é isso o que ocorre. No mesmo dia, o réu, após o julgamento, não se conformando com a sentença proferida, quer dela recorrer à Superior Instância (termo de recurso).

As "razões de apelação" (3/7/2000) se baseiam nos depoimentos da irmã do acusado, que em nenhum momento vira "o réu direcionar a arma para si". A Defesa afirma: "Depreende-se claramente que os srs. jurados votaram os quesitos que lhes foram apresentados em total discordância com a prova dos autos".

Ao que o Promotor apresenta as "contra-razões da apelação" (26/7/2000): "Como decisão manifestadamente contrária à prova dos autos, deve ser entendida aquela arbitrária, dissociada por completo do conjunto probatório. Assim, se os jurados optarem por uma das teses existentes nos autos, desde que consistentes, o julgamento não poderá ser anulado, desde a soberania dos veredictos... Obviamente, como sói acontecer, a irmã do recorrente tenta favorecê-lo. Todavia, as testemunhas inquiridas na polícia deixaram claro que o recorrente atirou na direção de sua irmã e, por erro na execução, acabou acertando a vítima... O recorrente é conhecido como traficante de drogas no local e constantemente andava armado e atirava na favela. Certamente, foi esse o motivo que fez com que as testemunhas mudassem da favela e não mais fossem localizadas. O recorrente confessou ter efetuado um disparo para o alto e, sem querer, a arma disparou e acertou a vítima... Porém, armas não disparam sozinhas, sendo essa assertiva ridícula e desprovida de provas nos autos".

Em 20 de junho de 2001, *o recurso foi negado* pelo Tribunal de Justiça do Estado de São Paulo. "O recurso do réu pede pelo conhecimento de um homicídio culposo por imperícia ou por imprudência."

Enquanto o MP pede a manutenção do julgamento, pois se trata de crime hediondo, "O réu nega a intenção homicida. Disse que o disparo que deu foi para o alto. Em plenário, seu ilustre defensor defendeu as teses de homicídio culposo na modalidade imprudência e na modalidade imperícia. Os jurados não acolheram essa tese, até porque se o disparo fosse para o alto, como disse o réu, a vítima não seria atingida na parte esquerda do rosto, bem próxima ao ouvido. Essa versão do réu, aliás, ficou desmentida pelo depoimento das testemunhas. Assim, se os autos, que conta com apoio na prova, então não se poderá considerar essa decisão do manifestante contrária à prova...".

Finalmente, o réu é condenado, sem direito a novos recursos. A conclusão dos autos se dá em 30 de janeiro de 2002. Passaram-se cinco anos da data do assassinato e início do processo, e mais dois anos *após* a primeira condenação.

MATOU A NOIVA.

CONDENADO

No começo do terceiro milênio (14/12/2001), Sérgio Vitor Nogueira, 27, foi condenado pelo assassinato de sua noiva, Fernanda Vanessa Januária Alves Cardeal, de 21 anos.[45] Eram primos, e o relacionamento entre os dois já durava quatro anos. O crime ocorrera às 3 horas da manhã de 27 de abril de 1997, no fim de uma festa na casa do réu. Seus depoimentos no inquérito policial, em juízo e no Júri, são distintos, embora nos três ele alegasse que não pretendia matar Fernanda.

Na festa, bebeu "muita cerveja e caipirinha" e recebeu, para guardar, um revólver calibre 38. Está transcrito no IP que "o réu e a vítima estavam na garagem da residência do réu, o réu escor-

---

[45] Processo criminal nº 1640/97, do 1º Tribunal do Júri.

regou, trupicou um pé no outro e caiu sobre a vítima, colocando sua mão esquerda no peito dela para se segurar, nesse momento o réu estava empunhando o revólver que era apontado para o chão, e pretendia guardá-lo no porta-luvas do carro, ocasião em que disparou acidentalmente na cabeça dela".

Neste processo, atuaram dois Promotores (um na denúncia e um no Júri), dois assistentes de Acusação (um homem e uma mulher), duas advogadas particulares (uma nas alegações finais e uma no 2° julgamento) e um advogado dativo (1° julgamento), duas Juízas (uma na pronúncia e uma no 1° julgamento) e dois Juízes (um no juízo e um no 2° julgamento).

O réu encontrava-se em Itapetininga quando, por carta precatória, fez, em 30 de abril de 1997, o seguinte depoimento em juízo: "Diz que o moço que dormia no estabelecimento comercial entregou a arma para o réu, [que] colocou-a na cintura. No momento em que a vítima estava indo embora, o réu pegou o revólver na mão, porque viu duas pessoas na esquina, em dado momento escorregou, perdeu o equilíbrio e agarrou na vítima, neste instante a vítima caiu no chão e o réu caiu em cima dela, e a arma disparou".

Na etapa do Tribunal do Júri, o depoimento do réu foi o seguinte: "Diz que era noivo da vítima. No dia dos fatos teve um churrasco em sua casa. Por volta da meia-noite foram se deitar, ocasião em que discutiu com a vítima, porque ela estava enciumada em razão de uma garota que havia estado no churrasco, e depois ela jogou a aliança e disse que iria embora. Ela foi até a sala e disse que tinha duas pessoas na frente da casa, por isso pegou a arma que o funcionário havia deixado em sua casa. Foi olhar pela janela as pessoas, ocasião em que já haviam atravessado a rua, continuaram a discussão e para '*impor o meu respeito*' foi quando agarrou-se a ela, 'não vi mais nada', e ocorreu o disparo. Que havia bebido naquele dia, e se recorda de estar segurando a vítima em seus braços e ainda tinha na mão a arma de fogo quando lá chegou um familiar, cuidaram do socorro, levando a vítima até o hospital. Recorda-se que jogou a arma no córrego".

O que disseram as testemunhas?

A 1ª testemunha, mãe da vítima e tia do réu, trabalhava como auxiliar de enfermagem. Contou que "o réu sempre se mostrou uma pessoa agressiva, um adolescente problemático, tanto que acabou por ser processado e preso. Que já agrediu a irmã Kátia várias vezes, e já atirou contra o pé do pai, e não acertou. Que o réu disse que brigou com a vítima e ela tirou a aliança e deu para o réu, e ela foi até a garagem porque o réu iria levá-la para casa. Que o réu, antes de sair do quarto, pegou a arma e desceu para falar com a vítima, sendo que tentou abraçá-la, com a arma em punho, escorregou e a arma disparou e acertou a vítima. A depoente diz que não acredita na versão do réu porque se ele escorregou, o tiro não atingiria de cima para baixo, e onde a bala entrou havia chamuscos, significando que ele colocou o revólver próximo da cabeça dela...". Esta testemunha, em juízo, fez o mesmo depoimento e acrescentou que à época em que o réu era casado, ele usava drogas e era agressivo com a ex-esposa.

Uma 2ª testemunha, primo em segundo grau do réu e da vítima, disse "que no dia dos fatos chegou a sua residência por volta das 23h40 e estava acontecendo um churrasco, mas se recolheu no seu quarto. Passado algum tempo escutou um estampido de arma de fogo e foi em direção do som, e deparou com a cena. Viu a vítima nos braços do réu e este estava chorando e pedindo perdão que não pretendia cometer aquele ato. O depoente e o réu levaram a vítima para o hospital. Após a morte, o depoente e o réu foram para o Jardim Rubru, onde há um córrego, e jogou a arma porque tinha a intenção de suicidar-se. Nessa ocasião ficou sabendo que a arma era do empregado da firma".

A irmã do acusado depôs como 3ª testemunha, e contou "que não presenciou os fatos, que o réu e a vítima chegaram à residência por volta das 20h e às 23h45 a festa terminou. A depoente ficou na sala assistindo televisão e por volta das 00h30 escutou um estampido de arma de fogo. Em seguida, ouviu o réu gritando 'Fernanda me perdoe pois foi um acidente'. Logo após, o primo, a depoente e o réu foram para o hospital. Nada mais...".

Em juízo acrescentou que as chaves estavam com o réu e foi ela que dirigiu o carro.

A próxima depoente era irmã do réu. Disse que "estava no quarto e escutou o estampido de arma de fogo. Quando chegou na garagem viu seu irmão gritando por socorro. Após, o primo e réu foram para o hospital".

O irmão da vítima foi a 5ª testemunha. Era policial militar e informou "que não presenciou os fatos. Mas ficou sabendo por sua mãe que o réu brigou com a vítima, na festa. Estavam no quarto e a vítima jogou a aliança na cômoda do quarto e pediu para levá-la embora. Ela saiu do quarto e ficou esperando-o na garagem. Ele voltou para o quarto, pegou o revólver, colocou-o na cintura e foi ao encontro da vítima, o restante da história ela (a mãe de Fernanda) não quis contar".

A irmã da vítima foi a 6ª testemunha. Disse "que o relacionamento entre o réu e a vítima era péssimo, discutiam constantemente. Que diversas vezes viu a vítima chorar e ultimamente não estava feliz com o namoro, talvez porque a vítima não estava gostando do que estava acontecendo no serviço, o réu vendia peças usadas de carro. O réu era agressivo. Ficou sabendo através da mãe que quando o réu chegou na garagem encontrou a vítima tentando abrir a porta do carro. Que a vítima, ao ver o réu apontando-lhe um revólver, teria levado um susto e segurado o revólver quando ocorreu o disparo acidental, atingindo a vítima".

A 7ª testemunha, um vizinho, disse "que não estava no local no momento dos fatos e ficou sabendo da morte no dia seguinte pelos moradores da rua...".

A 8ª testemunha, um motorista, disse "que não presenciou os fatos e não tinha relacionamento nem com o réu e nem com a vítima".

Uma 9ª testemunha, vizinho, funileiro, disse "que não presenciou os fatos e desconhecia os motivos...".

A 10ª testemunha disse que era vendedor e "trabalhava no desmanche do réu, que nunca presenciou brigas entre o casal, que esteve no churrasco, não presenciou briga e foi embora às 20h30".

A 11ª testemunha, tio do réu, disse "que ouviu comentários que o réu agredia as irmãs e quase atirou no pé do pai dele. Não presenciou os fatos, mas o réu contou-lhe que ao sair, em frente à sua casa avistou três indivíduos suspeitos, que entrou novamente em casa e pegou um revólver, e quando foi abrir a porta do carro para a vítima entrar, bateu a perna no paralama do auto, perdendo o equilíbrio, caindo sobre a vítima, momento em que ela colocou as mãos no revólver, tendo o mesmo disparado, atingindo-a acidentalmente".

A 12ª testemunha, companheira do pai do réu, "confirma que o réu atirou contra o pé do pai e disse 'eu atirei no velho, mas não acertei, mas vou voltar e acabar com ele e vou também acabar com a senhora, que é uma pedra no meu caminho'; após registrou a ocorrência no 68º DP. Depois desse crime, o réu que alugava um terreno de propriedade do pai, queria abatimento no preço do aluguel, e o pai não aceitou a proposta, ocasião em que tentou matar o pai, com uma barra de ferro. Esteve na festa com o pai do réu por volta das 19h30 e saiu por volta das 20h. Não viu brigas, mas o réu não largava o celular e a vítima queria tirar o celular dele, e ele não deixava. O réu usava arma de fogo. Alega que durante a festa presenciou o funcionário entregar a arma para que o réu a guardasse".

A 13ª testemunha era "genitor da vítima". No DHPP contou que "no último ano de namoro, já estavam noivos, a vítima e o réu brigavam muito, inclusive o depoente tem conhecimento que em uma das brigas, o réu tentou jogar o carro sobre a vítima...".

O inquérito policial ocorreu durante dois anos (27/4/1997 a 2/3/1999).

O laudo do Instituto de Criminalística (12/5/1997; juntado 22/5/1997) constatou: que havia uma poça de sangue e massa encefálica, respingo no teto e no piso que se davam de frente para trás. O laudo do exame de corpo de delito/exame necroscópico (13/5/1997; juntado 20/8/1997) assim descreve a vítima: "branca, ferimento na testa... que saiu na base do crânio, atingida por disparo de arma de fogo transfixante ao nível do crânio". Não fala em exame residuográfico.

Em relatório, o delegado (25/8/1997) resume os fatos e encaminha ao Poder Judiciário. O Ministério Público solicita diligências porque "não se encontra apto para oferecimento da denúncia. Requer antecedentes criminais do réu, reconstituição do crime".

Em 22 de março de 1999 é oferecida a denúncia. Após descrever os fatos, concluiu que o motivo do crime era que a "vítima tinha intenção de terminar o namoro. Vingou-se e matou-a por motivo torpe. Requer que seja apenado no artigo 121, parágrafo 2°, inciso I do CP e decretação da prisão preventiva".

Nos termos do exposto pelo Promotor, o Juiz (26/3/1999) decreta a prisão preventiva.

Nas alegações finais, a Defesa (particular) argumenta que não houve dolo, somente acidente. Requer excluída a culpabilidade do réu, improcedência da denúncia e sustenta a desclassificação para homicídio culposo.

O Promotor descreve os fatos, e "diz que a versão de homicídio culposo trazida pelo réu não restou provada e deverá ser apreciada pelo Conselho de Sentença. A qualificadora não restou informada, razão pela qual há de ser apreciada pelo Conselho de Sentença".

Na pronúncia (16/11/1999), a Juíza relata os fatos "que a denúncia refere a motivação torpe, consistente em vingança, porque a vítima namorada do réu declarou que pretendia desfazer o noivado". Decide admitindo a acusação e pronuncia pelo artigo 121, parágrafo 2°, I do CP.

O caso vai a Júri no 1° Tribunal.

O 1° julgamento (18/5/2001) não se realizou, pois "o advogado de Defesa não estava apto para defender o réu". O Conselho de Sentença foi dissolvido e o 2° julgamento marcado para 21 de agosto de 2001.

Conforme consta da ata do julgamento, a Acusação requer condenação do réu com afastamento da qualificadora e reconhecimento da reincidência. A Defesa requer o afastamento da qualificadora.

Observamos que na composição do Conselho de Sentença havia apenas uma mulher.

A Juíza encaminhou para votação dos jurados as seguintes questões, cuja respectiva votação é abaixo reproduzida:

1º) Sérgio disparou a arma de fogo contra Fernanda?

7 sim x 0 não.

2º) Os ferimentos foram a causa da morte?

7 sim x 0 não.

3º) O réu cometeu o crime por motivo torpe, consistente em vingança, contra a vítima que declarou pretender desmanchar o namoro com o réu?

0 sim x 7 não.

4º) O réu é reincidente?

7 sim x 0 não.

5º) Existem atenuantes em favor do réu?

0 sim x 7 não.

Diante de tal manifestação do Júri, a Juíza proclamou a seguinte sentença: "que o Júri votou e entendeu que o réu praticou homicídio simples e reconheceu a reincidência. Fixo ao réu a pena-base de 6 anos de reclusão e dado a reincidência aumento-a para 8 anos de reclusão, que torno definitiva [regime fechado]... incurso artigo 121, 'caput' do CP". Transitada em julgamento em 14 de dezembro de 2001.

Iniciava-se o terceiro milênio com a condenação de assassino que matara a noiva.

Os leitores certamente devem estar se perguntando por que reproduzi aqui depoimentos monotonamente repetitivos. Considerei importante mostrar, de modo sucinto (sim, pois por vezes um processo tem vários volumes, cada um com mais de cem páginas, com inúmeras repetições), o labirinto dos depoimentos que constam dos autos, os obstáculos ao avanço do processo, os recursos possíveis e, finalmente, a modificação dos depoimentos dos acusados e das testemunhas, seja por coação ou por temor.

A Justiça e o Tribunal do Júri

A firmeza dos Promotores, do Juiz e o desempenho objetivo das instâncias judiciais mostram o quanto é difícil o trabalho destes agentes através dos meandros do Judiciário.

MATOU A NAMORADA
QUE ROMPERA A RELAÇÃO (1997-2002)

Kênia Gomes Teixeira, 16 anos, estudante, não tinha antecedentes criminais.[46] Após dois meses de namoro com Adailton Souza dos Santos, estando ele preso, ela decidiu romper o relacionamento. Adailton, 19 anos, ajudante, tinha vários antecedentes criminais.[47]

Numa segunda-feira à tarde, após ser libertado, ele matou Kênia, com tiro, na rua.

Durante os 5 anos em que durou esse processo, participaram: três Promotores (um na denúncia; um nas alegações finais; um no Júri), dois advogados dativos (um homem e uma mulher), um Juiz (pronúncia) e uma Juíza (Júri).

A mãe de Kênia informou, no inquérito policial (7/7/1997 e 23/3/1998), que "em relação aos fatos informa que na sexta-feira sua filha saiu para passar o final de semana na casa de sua amiga Célia Pereira Leite... Que a declarante não se preocupou visto ser hábito da Kênia passar final de semana na casa de suas amigas... Que no período da noite, Kênia informou à genitora de Célia bem como a Célia de que iria se encontrar com um ex-namorado de alcunha Bodão. Que Cristiane, também amiga de Kênia, que estava na residência de Célia, acompanhou Kênia até o portão onde Bodão já estava esperando e os dois saíram... Que Kênia saiu com Bodão e não mais retornou sendo encontrada na Rua Zilda alvejada por disparo de arma de fogo... Que a declarante informa ainda que sua filha Kênia, há alguns meses atrás

---

[46] Processo criminal n° 974/97, do 2° Tribunal do Júri.

[47] Artigos 157, parágrafo 2°, incisos I e II, e artigo 157, parágrafo 1° do Código Penal.

namorou com Bodão e do fato que tal pessoa possuísse envolvimento com drogas, a declarante pediu que Kênia se afastasse... Que a declarante não sabe informar o autor do homicídio que vitimou sua filha mas sabe que Bodão é pessoa de má índole e tem envolvimento com drogas...".

Foi ouvida uma segunda testemunha, Rovilson Marques Rogério do Carmo Miguel. Este declarou "Que em data que não se recorda o depoente se encontrava na rua quando apareceu seu conhecido de nome Edlei, informando que na noite anterior o Bodão estava limpando sua arma calibre 38 quando disparou e atingiu Kênia...".

No ano seguinte, 1998, houve *denúncia e solicitação de prisão preventiva*, pois "Consta do incluso IP que Adailton Souza dos Santos... matou Kênia Gomes Teixeira ao desferir contra a mesma, em disparo de arma de fogo... indiciado e ofendida haviam namorado anteriormente e no dia dos fatos vieram a se encontrar, ocasião em que o primeiro veio a efetuar um disparo de arma de fogo contra a segunda, logrando matá-la... denuncio Adailton Souza dos Santos como incurso no artigo 121 'caput' do CP...".

A prisão preventiva foi concedida em 13 de abril de 1998.

Em juízo, em 7 de dezembro de 1998, a mãe de Kênia informou que "A vítima era minha filha... na época do namoro eu disse à minha filha que Bodão era ladrão... disseram (Neguinho e Carla, amigos de Bodão) que o Bodão tinha falado que no dia que saísse da prisão matava minha filha. Certo dia alguém invadiu minha casa e subtraiu vários bens... Soube que minha filha encontrou com Bodão numa quermesse num domingo, no dia seguinte, ou seja, na segunda-feira ela foi baleada".

O réu, Adailton de Souza dos Santos (Bodão), declarou em juízo que "foi namorado da vítima por cerca de um mês. Resolveu terminar o relacionamento em razão de ter sua mulher e três filhos... que está preso e condenado por um roubo... não sabe o porquê de estar sendo acusado... nega ter matado a vítima...".

Nas alegações finais, o Promotor (13/4/1999) afirmou que

"o réu deve ser pronunciado nos termos pleiteados na inicial... os depoimentos colhidos, em juízo, atribuíram ao acusado a responsabilidade pela morte da ofendida... diante do exposto, aguardo a pronúncia do réu nos termos ora pleiteados, mantendo-o na prisão onde se encontra, em face de seus péssimos antecedentes".

A advogada de Defesa (26/4/1999) pleiteou que "o depoimento da testemunha de acusação Célia Pereira Leite não foi confirmado na fase judicial... a testemunha Rovilson Marques Rogério do Carmo Miguel... não foi localizado a fim de ser ouvido pela Justiça... Apesar de não restar dúvida quanto à materialidade, prejudicada está a autoria. Diante do exposto, requer se digne Vossa Excelência a impronunciar o réu em questão pela falta de provas cabais...".

Às duas argumentações, o Juiz *pronuncia o réu* (15/6/1999): "não há nada nos autos a fazer crer pela inimputabilidade ou semi-imputabilidade do acusado... a materialidade do delito, imputado ao acusado, encontra-se comprovada... Quanto à autoria a prova constante nos autos faz concluir-se pela pronúncia... Na realidade pelo que dos autos consta, o acusado não se encontrava preso e também não confessou a autoria do delito... devendo o Conselho de Sentença decidir por derradeiro... em sede de Juízo.... da admissibilidade de culpa a pronúncia se impõe... pronuncio Adailton Souza dos Santos... como incluso nas penas do artigo 121 caput do CP...".

O caso foi a Júri no 2º Tribunal e o réu foi julgado em 2000. O Juiz propôs cinco quesitos, aos quais o Júri assim votou:

1º) O réu Adailton Souza dos Santos... mediante disparo de arma de fogo, produziu em Kênia Gomes Teixeira os ferimentos descritos?

6 sim x 1 não.

2º) Tais ferimentos foram a causa da morte da vítima?

7 sim x 0 não.

3º) Assim agindo o réu somente deu causa à morte da vítima por imprudência?

3 sim x 4 não.

4°) Agiu o réu por motivo torpe, na medida em que praticou o crime por vingança, pois havia prometido matá-la pelo fato dela ter terminado o namoro quando ele encontra-se preso?

4 sim x 3 não.

5°) Existem circunstâncias atenuantes em favor do réu?

5 sim x 2 não.

A sentença proferida dizia que "os senhores jurados reconheceram por maioria de votos que o réu cometeu crime de homicídio simples... deixaram de reconhecer que o acusado teria agido culposamente... julgo procedente a ação penal para condenar o réu Adaiton Souza dos Santos como incluso nas penas do artigo 121 caput cc; artigo 61, inciso II; e artigo 65, inciso I do CP... Verifico que o réu registra antecedentes demonstrando ter personalidade voltada para a prática de delitos, o que justifica a fixação de pena acima do mínimo legal... fixo o regime fechado... fixo a pena em base de 7 anos de reclusão...".

O condenado apelou da sentença através de sua advogada: "É certo que a morte da vítima se deu em seqüência de tiro. Mas quem poderá crer no simples relato da testemunha Robson que sequer foi confirmado na fase judicial? E, o que é pior, a suposta testemunha ocular, Edinei, nunca foi ouvida...".

As contra-razões da apelação argumentavam que "O inconformismo não procede. Há provas mais do que suficientes que demonstram ter sido o apelante o autor do delito... O motivo do delito é torpe. Segundo a mãe da vítima, o apelado, ainda na cadeia, jurara a vítima de morte porque ela havia rompido o namoro em razão da vida de crimes em que ele estava inserido...".

O recurso foi indeferido em 12 de janeiro de 2001.

Estava-se em 2002, cinco anos após o crime. O réu continuou preso.

Comparando a decisão deste caso em que o réu foi *condenado* com a do processo[48] em que o acusado Ricardo Valentim

---

[48] Processo criminal n° 1332/97, do 3° Tribunal do Júri.

A Justiça e o Tribunal do Júri

da Silva, policial militar, foi *absolvido*, observa-se possível flexibilidade na interpretação dos fatos. Nos dois casos havia ameaças de ex-namorados contra as vítimas, em ambos não havia testemunhas oculares.

A absolvição de Ricardo Valentim se deu sob a alegação de um fato que, conforme a interpretação, poderia ser um hábil álibi (retirada de dinheiro em um caixa eletrônico distante do local do crime). Dependendo das interpretações, o réu passa a ser considerado culpado ou inocente. Sempre haverá explicações técnicas que justifiquem as sentenças, mas para a sociedade fica clara a interferência de fatores externos às decisões judiciais. Voltaremos a esta questão na análise do processo criminal nº 1332/97.

MATOU POR SE CONSIDERAR TRAÍDO.

CONDENADO

No domingo de 28 de julho de 1996, pela manhã, Reginaldo de Oliveira estrangulou Irene Cordial Bezerra de Oliveira.[49] Eram casados há 11 anos. Ela tinha 25 anos e é descrita no BO como "do lar". Ele, 29 anos, trabalhava como balconista em uma padaria. Tinham dois filhos.

Irene tinha uma relação extraconjugal com Ronaldo Dias Cardoso.

Foram vários interrogatórios: três irmãs da vítima, Ronaldo, e o próprio assassino confesso. Uma das irmãs informou que vira Irene com Ronaldo e que o havia avisado acerca do estado civil de Irene. Ronaldo contou que a vítima o procurava em sua casa, que ela se dizia desquitada e ele nem sabia onde ela morava.

Irene afirmava que o marido era muito violento, era agredida e queria ir embora. A irmã da vítima confirma que Reginaldo "era pessoa muito violenta que por várias vezes espancara a esposa". Reginaldo era "demasiadamente ciumento".

---

[49] Processo criminal nº 240/97, do 3º Tribunal do Júri.

O crime foi cometido na frente da filha de 6 anos, que contara à depoente (tia) que a "mãe estava pelada no banheiro, quando o pai a pegou pelo pescoço e a colocou na cama...".

Esse depoimento é repetido pelo réu, que "confessa ter matado Irene, utilizando das próprias mãos, até que perdesse o sentido...". Reginaldo confessou ter ouvido na vila "comentários que a mulher o traía... ela ficava fora de casa sob pretexto de ter vigília na igreja"; e que ao perguntar à filha, esta dissera que a mãe dormia com outro homem.

Contou que "queria matá-la, mas não tinha coragem... Na parte da manhã naquele domingo, querendo embriagar-se e assim conseguir coragem, tomou dois copos grandes de conhaque... Já dentro do barraco sentiu-se encorajado e colocou em prática seu plano de matar a esposa por traição com outro... ingressou no banheiro, foi logo agarrando pelo pescoço e apertando até ela desfalecer... depois de fazer a mulher deitar na cama ficou tudo escuro e lembra-se que com as duas mãos apertava o pescoço de Irene... Perguntou para o filho Adriano se sabia levar o interrogando até a casa onde Irene se encontrava com o outro... perguntou na casa ao lado e uma moça disse... que a esposa do mesmo por várias noites dormiu com o irmão dela, Ronaldo Dias Cardoso... e acrescentou que nas noites em que lá dormiu estava com a criança que o acompanhava...".

Reginaldo "deixara um bilhete com a intenção de deixar uma pista para a Polícia chegar até ele... Se diz arrependido pelo crime praticado". Afirma: "também desejo esclarecer que Irene espancava as filhas (sic) causando-lhes hematomas".

A *denúncia* proferida pelo Promotor em 7 de abril de 1997 afirma que Reginaldo "por motivo torpe e utilizando de recursos que dificultava ou impossibilitava a defesa da vítima matou Irene... Esganando-a... E segundo se apurou, no dia dos fatos, o indiciado, que era casado com a vítima, agindo com evidente intenção homicida, saiu de sua morada para embriagar-se e com isso encorajar-se para praticar o crime... É certo que Reginaldo praticou o homicídio imbuído de motivo torpe de vingança, vez

A Justiça e o Tribunal do Júri

que ceifou a vida de sua esposa porque desconfiou que esta o havia traído com terceiro... Isto posto, denuncio Reginaldo... como incurso no artigo 121, parágrafo 2º, incisos I e IV...".

Observe-se como, mais uma vez, a linguagem dos profissionais assume uma forma padronizada de acusação.

Na fase seguinte, perante o Juiz, Reginaldo diz: "eu bebi mas não com a intenção de tirar a vida dela... Eu trabalho até nos meus dias de folga para suprir as necessidades da casa e aí consta que eu achava que ela estava me traindo, eu não achava, eu tinha certeza... era uma mulher que não queria nada com nada, eu construía de um lado, ela destruía do outro...".

No interrogatório, o Juiz pergunta a Reginaldo:

"— O Sr. admite que a enforcou?

— Admito... Eu não sabia mais o que fazer da minha vida, eu trabalhando, pagando prestação, pagava muitas coisas...

— Como o Sr. sabia que ele realmente era amante dela?

— Porque a menina me levou lá: 'pai, é aqui que ele mora', a menina ficava vendo cenas e falou para mim: 'pai eles fica se beijando'... a menina ficava só...

— O Sr. nunca pensou em separar-se dela?

— Eu também não separei por causa das minhas filhas. Eu não ia agüentar ver minhas filhas sofrendo, elas ia ficar junto de uma pessoa que não tinha condições de criar elas..."

No interrogatório, o Juiz perguntou a Erivelto da Silva Oliveira: "Sabe me dizer se o Reginaldo é um bom pai?". A resposta foi: "Trabalhador, direito, nunca vi que ele arrumasse confusão com ninguém, quando aconteceu isso fiquei admirado que eu não acreditava que fosse ele, era família cem por cento".

Como já apontamos anteriormente, a construção do perfil do réu como bom pai, pessoa de família, eventualmente pode servir para reduzir a pena ou até mesmo inocentar o réu.

As demais testemunhas de Defesa confirmaram que o réu era muito trabalhador e que ouviam boatos de que a vítima o "traía".

Nas alegações finais, em 21 de outubro de 1997, o Promotor afirma: "Inexistem quaisquer causas de exclusão da ilicitude ou da culpabilidade... As qualificadoras... devem ser levadas ao Conselho de Sentença... A motivação o próprio réu a confirma... a crueldade... o laudo necrológico confirma... Por fim o... reconhecimento da surpresa... a vítima foi colhida pelo marido quando encontrava-se no interior do banheiro... A Justiça Pública aguarda a pronúncia de Reginaldo de Oliveira pela prática do crime previsto no artigo 121, parágrafo 2º, incisos I, III e IV".

O Defensor, nas alegações finais, em 24 de outubro de 1997, assim se expressa: "Concordando com a pronúncia... requeiro o afastamento das qualificadoras... Sabendo o réu da traição da esposa, confirmada pela própria filha de seis anos que presenciava os encontros da mãe e sabido em todo o bairro, levou-o a consumar o delito movido pelo sentimento de desprezo da esposa para com ele... A surpresa não cabe em tal ato, pois a vítima tendo encontros freqüentes com seu amante, presenciada pela filha e de conhecimento do marido, que insistia que ela se contivesse, pessoa que o agredia constantemente, movido pelo ciúme, era previsível que seria tomada por parte do esposo atitude mais rude na tentativa de cessar as agressões cometidas pela esposa na sua traição e ainda mais cometidas na presença da própria filha".

(Já conhecemos este tipo de argumentação: a vítima era a culpada.)

O Juiz profere a pronúncia, inclusive as qualificadoras, e encaminha para o Júri. Estava-se em 18 de novembro de 1997. O caso foi ao 1º julgamento em 22 de junho de 1998, sete meses depois da pronúncia.

O réu reiterou o 2º depoimento dado em juízo.

Chamando Ronaldo Dias Cardoso (o "amante"), pergunta o Defensor: "Mas quem paquerou quem?". Resposta: "Ela me paquerou...".

A Justiça e o Tribunal do Júri   169

(Para a Defesa, esta informação justificaria a culpa da assassinada.)

As formulações do Juiz e as respostas do Júri foram:

1º) O réu Reginaldo de Oliveira, no dia 28 de julho de 1996 ... esganou Irene Cardeal Bezerra de Oliveira causando-lhe os ferimentos descritos no laudo de exame necroscópico?

7 sim x 0 não.

2º) Esses ferimentos foram a causa da morte da vítima?

7 sim x 0 não.

3º) O réu agiu sob o domínio de violenta emoção em seguida à injusta provocação da vítima?

3 sim x 4 não.

4º) O réu agiu impelido por motivo de relevante valor moral?

2 sim x 5 não.

5º) O crime foi cometido por motivo torpe uma vez que o réu matou a vítima porque desconfiou que ela o havia traído com terceira pessoa?

3 sim x 4 não.

6º) O réu praticou o crime utilizando-se de recurso que dificultou a defesa da vítima, caracterizado pela surpresa, pois agiu sem que a vítima expressasse e pudesse esboçar qualquer reação?

5 sim x 2 não.

7º) O réu empregou meio cruel para a prática do crime, pois matou a vítima por asfixia mecânica?

7 sim x 0 não.

8º) O réu era casado com a vítima?

7 sim x 0 não.

9º) Existem atenuantes em favor do réu?

7 sim x 0 não.

A sentença foi proferida em 22 de junho de 1998: "Aplico a pena-base no mínimo legal de 12 anos de reclusão, tendo em vista a primariedade e a ausência de antecedentes criminais por parte do réu... Diante do exposto, condeno Reginaldo de Oliveira... como incluso no artigo 121, parágrafo 2º, incisos III e IV, artigo 61, inciso II, letra 'e', e artigo 65, inciso III, letra 'd', do Código Penal, a penas de 14 anos de reclusão...". O réu foi condenado pelo crime com as agravantes de torpeza, surpresa e impedimento de defesa da vítima, o que aumentou em 2 anos a reclusão.

A Defesa faz uma apelação, cujo resultado é expresso pelo acórdão proferido por desembargadores em 27 de julho de 2000: "nega-se provimento ao recurso...".

O mandado de prisão é expedido. Aguarda-se prisão do réu ou prescrição penal. Fazia já 4 anos que o crime ocorrera.

As respostas dos jurados às perguntas do Juiz revelam que os valores morais não estão justificando o crime (pergunta n° 4) como no passado, e nem mesmo a alegada "violenta emoção" (pergunta n° 3) leva o Júri a aceitar o assassinato.

Este é um dos julgamentos paradigmáticos da mudança que está ocorrendo na sociedade.

MATOU NO MOTEL.

CONDENADO, MAS EM LIBERDADE...

No início deste livro relatamos o caso de Geovane, que estrangulara Luciene.[50] O exame das fotos do inquérito policial e o depoimento do réu são contraditórios: as fotos mostram ter havido luta corporal no quarto, enquanto o acusado negara qualquer briga.

Os depoimentos também são contraditórioss diante da violência praticada pelo réu.

Entre as testemunhas chamadas, uma vizinha afirma que a vítima era muito ciumenta, chegou a "furá-lo com uma faca...". Outro conhecido atestou que ele "sempre foi um bom rapaz", e ela, ciumenta, o colocou na rua várias vezes.

O Promotor de Justiça denunciou Geovane. Porém, ao recompor as condições do assassinato, não considerou que o crime fosse qualificado, pois "a morte da vítima se deu no transcor-

---

[50] Processo criminal n° 444/97, do 4° Tribunal do Júri.

rer da enésima briga do casal que, por certo, estava no motel para celebrar o enésimo reatamento...". Para a Defesa, "saltava aos olhos que a destemperada vítima mais uma vez agrediu o réu...". Portanto, Geovane teria agido em legítima defesa. Na conclusão, apoiado no IML, o Juiz considerou que a morte ocorreu por causa indeterminada, concluindo pela improcedência da denúncia.

O Promotor de Justiça recorreu e pediu o Conselho de Sentença, e o caso foi a Júri. Diante dos quesitos oferecidos pelo Juiz, a deliberação do Júri foi:

1º) No dia 6 de maio... Geovane... mediante golpes vibrados pelas mãos produziu em Luciene... os ferimentos descritos?
4 sim x 3 não.

2º) Esses ferimentos foram a causa da morte da vítima?
4 sim x 3 não.

3º) Existem circunstâncias atenuantes em favor do acusado?
7 sim x 0 não.

O réu foi condenado a 6 anos de reclusão em regime semiaberto. Poderia recorrer em liberdade e aguardar, em regime aberto, até haver uma vaga no sistema de albergue domiciliar.

O réu saiu do Tribunal com a sentença de culpado, mas com a concessão de prisão em albergue domiciliar. Tal pena é popularmente interpretada como "o réu está livre".

UMA BATIDA DE CARRO, MAIS UMA MORTE.
CONDENADO

Andréa tinha 20 anos e era gerente administrativa quando morreu por um tiro disparado por Fortunato, que perseguiu o carro em que ela estava como passageira e que o "fechara".[51] Andréa estava com outras pessoas no carro perseguido. Nos autos, fica a dúvida se foi mesmo por causa da ligeira batida ou por uso de drogas, alegação de alguns conhecidos.

---

[51] Processo criminal nº 292-A/97 (2 vols.), do 4º Tribunal do Júri.

Drogas? Este argumento, constantemente usado para "explicar" a causa do crime, seria sempre verdadeiro?

Houve prisão em flagrante. Fortunato, 28 anos, era policial civil, carcereiro. Por coincidência, o condutor do outro veículo também era carcereiro. O exame da arma foi positivo, comprovando seu uso recente. Instaurado o inquérito, Fortunato inverte a história e diz que ele é que fora perseguido e atacado.

O caso foi a Júri e Fortunato condenado a 15 anos de prisão.

MATOU POR MOTIVO FÚTIL

Em 8 de maio de 1997, Maria das Graças Santana foi assassinada a socos pelo companheiro, que lhe provocaram traumatismo craniano.[52] Viviam juntos há 20 anos e tinham um filho. Maria das Graças tinha 49 anos. Era vendedora e não tinha antecedentes criminais. Manoel Dantas de Jesus, 41 anos, era pedreiro ou ajudante de pedreiro; também não tinha antecedentes criminais.

O crime ocorreu numa quinta-feira à noite, às 21h50, no barraco de uma amiga, em favela na Vila Maria. Manoel foi preso em flagrante. Depôs como testemunha um guarda metropolitano, que encontrou o réu escondido numa "caçamba de lixo". Ele teria salvo o réu, pois "os moradores do local queriam 'linchar' o acusado".

No inquérito policial, Manoel negou ter agredido Maria das Graças. Alegou que ela sofria do coração e por isso morreu. O réu informou que bebe.

Uma segunda testemunha contou que Manoel e Maria das Graças eram seus conhecidos, moravam no barraco da depoente, e que ele deu socos na cabeça da vítima. Ela interferiu, e ele parou. Outra testemunha, vizinha, contou que, alertada pelo filho de 7 anos, foi à casa de outra vizinha, Terezinha. Maria das Graças estava viva ainda, e contou que o agressor era Manoel. Soli-

---

[52] Processo criminal nº 520/97, do 2º Tribunal do Júri.

A Justiça e o Tribunal do Júri 173

citou ajuda a um vizinho que passava de carro e a levou ao Pronto-Socorro Andaraí. Um menino de 14 anos foi a 4° testemunha. Contou que Manoel começou a bater em Maria das Graças na rua. Ela, então, entrou na casa onde morava há uma semana, provisoriamente. A agressão foi na rua e na sala.

O exame necroscópico confirmou que ela foi morta por traumatismo craniano. Também era cardíaca.

Na denúncia e alegações finais, a Promotoria (4/8/1997) alegou que o réu cometera um "crime qualificado... agiu por motivo fútil, qual seja, em razão de uma discussão que tivera com a ofendida, sua amásia" (sic). Denuncia-o pelo artigo 121, parágrafo 2°, inciso II do CP; e requereu a pronúncia do réu.

Nas alegações finais da Defesa, o advogado dativo considerou que não havia "indícios suficientes" para mandá-lo a julgamento.

O Juiz o pronuncia e o réu foi a julgamento.

No libelo-crime acusatório (12/9/1997), o Promotor pediu a condenação do réu (conforme artigo 121, parágrafo 2°, inciso II do Código Penal).

O julgamento se deu no 2° Tribunal do Júri em 29 de janeiro de 1998. Assim se manifestou o Júri:

1°) Manoel desferiu socos em Maria das Graças Santana, ofendendo-lhe a integridade física e a saúde...?

7 sim x 0 não.

2°) Tais ferimentos foram a causa da morte da vítima?

7 sim x 0 não.

3°) O réu agiu por motivo fútil...?

7 sim x 0 não.

4°) Existem atenuantes em favor do réu?

0 sim x 7 não.

Como resultado do julgamento, o Juiz sentencia: "Manoel Dantas de Jesus foi libelado como incurso no artigo 121, parágrafo 2°, inciso II do Código Penal... porque em 8 de maio de 1997... mediante socos, ofendendo a integridade física e a saúde da vítima, por motivo fútil, matou Maria das Graças de Santana... Passo à fixação da pena. As circunstâncias do artigo 59 do Código Penal não são desfavoráveis ao réu pelo que fixo sua pena-base no mínimo legal, em 6 anos de reclusão... sendo o regime inicial de cumprimento da pena, o semi-aberto e sem poder, o réu, recorrer em liberdade...".

Para a população, que queria linchar o assassino, o regime semi-aberto é interpretado como liberdade e a pena imposta, exígua.

ASSASSINATO DE ADILSON E CLAUDENICE: JUSTIÇA COM AS PRÓPRIAS MÃOS

Em 14 de julho de 1997, Adilson Santos Lima, 19 anos, e Claudenice Pereira dos Santos, 18, foram assassinados por duas pessoas, réus nesse processo:[53] Ailton Viana Soares ("Magrão"), 20 anos, e o co-réu Geraldo Alfredo Lopes ("Alemão"), 21 anos.

Jovens mortos por outros jovens. Não havia antecedentes criminais para nenhum dos quatro. No caso de Alemão, houve em 23 de julho de 1997 um incidente penal no artigo 157 do CP (vítima: Supermercado Kinshoku). Alemão se declarou comerciante, pois tinha um bar em sua própria casa. Em juízo, informou ser servente de pedreiro.

Na manhã de uma segunda-feira, na rua, Geraldo e Ailton mataram a tiros Adilson e Claudenice. Consta no Boletim de Ocorrência: "Os soldados foram acionados para dirigirem-se à Rua Dr. Filipe Cabral Vasconcelos, travessa da Rua Simão Caetano Nunes, no Capão Redondo, a fim de atenderem ocorrência de duplo homicídio...[54] Diligências procedidas pelas equipes de investigação desta unidade policial lograram deter e apresentar

---

[53] Processo criminal nº 1021/97, do 3º Tribunal do Júri.

[54] No espaço reservado aos dados, foi colocada a vítima como sendo solteira. Logo abaixo, no "Histórico", a mãe da vítima disse que "na data de ontem soube que sua filha havia sido assassinada juntamente com seu *amásio*...".

em Cartório os indivíduos... que praticaram crime de homicídio doloso... Os indiciados confessaram a prática do delito, alegando vingança como motivo".

Feita a recognição visuográfica do local do crime (24/7/1997), observou-se que os assassinatos ocorreram em 13 de julho de 1997, às 23h, e a Polícia Militar foi acionada em 14 de julho de 1997, às 7h. Informou que "na área onde teve lugar o crime, interior da comunidade denominada 'Favela do Paranapanema', Zona Sul da Capital, no emaranhado de estreitas passagens secundárias ('vilas') que afluem da via de capeamento asfáltico, proliferam construções em alvenaria e madeira de rústicas habitações de pavimento único e assobradado, perfazendo o típico conjunto de paupérrimas moradias chamado 'favela', dotada de condições precárias de infra-estrutura (saneamento básico deficiente, eletrificação improvisada, pavimentação inexistente, iluminação pública ausente e irregular, disposições das edificações sobre terreno da municipalidade)".

Informa-se ainda que "a calcinha da vítima era cor-de-rosa e o soutien bege". Há 2 fotos da vítima masculina e 1 do local.

O laudo de exame de corpo de delito/exame necroscópico (26/7/1997) indica que Adilson Santos Lima levou 4 tiros nas costas (lado esquerdo da vítima), e Claudenice Pereira dos Santos (mesmo laudo), 5 tiros: 3 tiros de frente (dois na altura do tórax; um no joelho) e 2 tiros atrás (um no ombro e outro na nuca). O exame uterino revela: "útero de características normais e não grávido".

Quanto às vestes: "no momento presente do exame: achava-se de soutien e calcinha brancas de nylon".[55] Atente-se para a focalização das roupas íntimas da vítima Claudenice.

No inquérito policial (29/7/1997 a 18/8/1997), a 1ª testemunha (29/7/1997), ajudante de pedreiro, diz que "Não tinha ami-

---

[55] O laudo difere da recognição visuográfica do local do crime, no que concerne às vestes da vítima.

zade com os indiciados. Morava no local há mais ou menos 5 anos. Sabia que se tratavam de pessoas de má reputação por envolvimento em crimes... O motivo da morte do casal seria o fato de um rapaz, amigo do casal, ter atirado no carro de Alemão... Quando o casal apareceu no bairro, eles atiraram, se tratando assim de uma briga de favelas".

A 2ª testemunha (29/7/1997), feirante, disse residir há sete meses na região. Veio a saber que Magrão morava na frente da casa das vítimas. Não conhece os indiciados, "mas a fama deles era a de matadores, e por isso ninguém os delatava à Polícia... Presenciou ainda os mesmos confessarem a autoria das mortes daquele casal, que não residiam no local e eram desconhecidos, sendo que o rapaz, segundo comentários, era gay, enquanto a moça estava grávida, mas desconhecia o possível pai da criança, e o motivo da morte dos dois eram desentendimentos".

A 3ª testemunha (29/7/1997), ajudante, afirma que "residia há pouquíssimo tempo no local... Soube que os indiciados eram de péssima reputação no bairro e viviam ameaçando os que ali moravam... Soube que no dia seguinte aos fatos, várias pessoas foram à procura de Magrão e Alemão, para acerto de contas... O declarante soube dos nomes dos indiciados porque foi detido por policiais, juntamente com os indiciados, bem como ouviu os mesmos confessarem as mortes alegando que tinham sido jurados de morte pelo rapaz que estava com a moça. O declarante ressalta que o falecido rapaz era sobejamente citado como 'gay' na região, e impossível ter ameaçado alguém de alguma coisa, pois era de gestos efeminados e incapaz de fazer mal a alguém".

Uma 4ª testemunha (29/7/1997), servente de pedreiro, diz que "Conheceu Alemão na casa de uma tia há seis meses atrás. No dia 26/7, Alemão apareceu na casa do depoente e pediu para ficar alguns dias, alegando ter arrumado uma encrenca... e o depoente o deixou ficar". Alguns dias depois o réu foi preso na casa desta testemunha.

No auto de qualificação e de interrogatório (29/7/1997), o réu Geraldo Alfredo Lopes (Alemão) contou que "O casal passou a freqüentar o bar de propriedade do interrogado. Viu algumas vezes o casal vendendo drogas (cocaína e crack). Mandou que o casal saísse dali pois não queria tráfico no bar. O rapaz... avisou o interrogado 'de que isto não ficaria assim' e disse-lhe que iria matá-lo. Por esse motivo, o interrogado procurou seu amigo, Magrão, e pediu-lhe ajuda. Passou a andar armado desde então". Na companhia de Magrão, ficou esperando a vinda do casal. Por volta das 22h, o casal apareceu em sua rua. "Não teve dúvidas, foi em direção aos mesmos, e apontando a arma, subjugou-os. Viram um adolescente e mandaram-no que ficasse vigiando. Enquanto isso descarregou sua arma nos dois... Magrão também disparou 5 tiros com sua pistola. Após isso fugiram".

O réu Ailton Viana Soares (Magrão), quando foi interrogado, "alega que Alemão o procurou, dizendo que tinha que matar um casal, pois tinham-no ameaçado de morte... e o interrogado aceitou".[56]

Informa o laudo de exame de corpo de delito (lesão corporal) de 30/7/1997: "O já preso Ailton... sofreu agressões". Vinte dias depois, o laudo de exame de corpo de delito (lesão corporal) do réu Geraldo Alfredo Lopes nega sintomas compatíveis com lesões corporais recentes (19/8/1997). Quanto ao exame químico-toxicológico da vítima de sexo feminino, o Instituto Médico Legal informou que foi negativo (7/8/1997). Até 14/8/1997, o laudo pericial das armas não estava pronto.

Neste processo atuaram: uma Promotora (denúncia) e três Promotores (um no juízo, um nas alegações finais e um no Júri), um advogado contratado (juízo) e uma advogada dativa (Júri); um Juiz (juízo e pronúncia) e uma Juíza (Júri).

Em 25 de agosto de 1997, os réus são denunciados como incursos, duas vezes, no artigo 121, parágrafo 2°, incisos I (motivo torpe) e IV (recurso que dificultou a defesa), combinado com o artigo 29, "caput", do CP. "Geraldo... e Ailton... atuando con-

---

[56] O restante do depoimento foi parecido com o do outro indiciado.

juntamente com um adolescente... já armados, aguardaram que as vítimas passassem pela rua. Ao constatarem o caminhar destas, rapidamente encurralaram-nas e, deixando-as totalmente indefesas sob ameaça de revólver... desferiram-lhes tiros... *Os indiciados agiram impelidos por motivo torpe consistente em realizar arbitrária e violenta justiça privada*".

Na fase do juízo, ocorrem algumas ausências já relatadas em outros processos.

A audiência de interrogatório de 3 de novembro de 1997 "não se realizou em virtude do não comparecimento dos réus... que encontram-se em local incerto e não sabido".

Em 24 de março de 1998, Geraldo Alfredo Lopes foi preso por força de decreto de prisão preventiva. O réu Ailton Viana Soares (Magrão) não foi encontrado.

Em 2 de abril de 1998, através de advogado,[57] Geraldo requereu liberdade provisória, pois é "primário, é trabalhador e exerce atividade remunerada como 'limpador de vidros'... tem residência fixa no distrito da culpa, reside com seu irmão, demonstrando assim... família constituída... tem conduta exemplar, e vida social ilibada". O Defensor usa a família como argumento para favorecer o réu.

Em 6 de abril de 1998, o Juiz mantém a prisão do réu, "visto que ficou sumido depois de ter sido colocado em liberdade".

No termo de interrogatório de Geraldo Alfredo Lopes (em 24/4/1998), o réu declarou-se gago. Disse que não matou ninguém. Declarou não ter matado as vítimas e não saber por que está sendo acusado. Na Polícia, o réu confessou porque "me bateram muito, muito". Disse que o torturaram. Ao ser perguntado se conhecia o outro indiciado e as testemunhas da fase do inquérito, declarou não conhecer ninguém. O réu declarou que no dia dos fatos estava no Jardim São Luís, na casa de sua namorada Ivonete.

---

[57] Constituído em 27 de março de 1998.

O advogado constituído listou oito testemunhas (em 27/4/ 1998), "a fim de apresentar a sua Defesa Pública... alegando ser inocente [o réu] das acusações contidas na denúncia". Já fazia nove meses dos assassinatos.

Chamado como testemunha de acusação (18/5/1998), o caixa do posto de gasolina declarou que "não conhecia as vítimas. Disse ter sido obrigado pelos policiais, na época dos fatos, a depor, pois as vítimas haviam sido assassinadas próximas da sua casa... Disse também não conhecer o réu. Disse que estava trabalhando quando o crime aconteceu. Não sabe de nada".

Em novembro (30/11/1998), o Juiz interrogou Sidnei Alvarenga Rosa, delegado de Polícia, sobre o caso de homicídio. Perguntando se foram as vítimas executadas pela conduta, declarou que os dois indiciados "eram envolvidos em roubo, alegaram que o casal ia instalar uma 'boca de pó' no local e não gostaram, acharam por bem eliminar o casal. Contaram com um menor que chamou o casal e ficou olhando para ver se a Polícia chegava, logo depois ele foi lá e subtraiu o tênis e o relógio das vítimas".

Levanta-se então uma nova hipótese para os assassinatos: briga entre traficantes.

A Defesa traz como testemunha um comerciante (6/1/1999). O declarante ficou sabendo da morte de Adilson e de Claudenice pelo irmão do réu. Não conhecia nenhuma das vítimas. O declarante conhecia o réu há mais ou menos um ano. "Ele era inquilino da tia da minha esposa, e eu tenho um estabelecimento na frente, um barzinho, conhecia ele de lá." De acordo com o declarante, o réu, nesse período de mais ou menos um ano, mostrou ser uma pessoa responsável, "inclusive ele trabalhava na época".

Uma 2ª testemunha, mestre-de-obras, diz que conhecia o réu há mais ou menos um ano. Não conhecia nenhuma das vítimas. "Conhecia o 'Alemão' (réu) no barzinho que a gente freqüentava lá (do Nivaldo[58])... Ele era boa gente, sabia que ele era traba-

---

[58] 1ª testemunha de Defesa.

180   Assassinato de mulheres e Direitos Humanos

lhador, com nós lá nunca teve problema". Perguntado ao declarante se ele sabia que o réu estava sendo acusado do crime, o mesmo respondeu que "não, só pediram para dizer que ele morava lá e que era boa pessoa, só".

A 3ª testemunha, um pedreiro, diz que não conhecia as vítimas. Sobre o réu, o declarante disse que o conhecia há uns cinco ou seis meses. Não sabia que o apelido do réu era "Alemão".

Como 4ª testemunha é chamado o irmão do réu, que trabalhava como foguista. Diz que "Não conhecia as vítimas. Não conhece o outro acusado (Ailton, o Magrão) que está foragido. O declarante, ao ser perguntado se havia conversado com o réu depois do crime sobre este mesmo fato, respondeu que 'ele dizia que não devia nada, não conhece ninguém... Os policiais e os outros que foram presos acusaram ele, né, que foi mais gente presa... Ele é ótima pessoa, eu tenho como provar, tenho documentos nas minhas mãos, carteira de trabalho, ele trabalhava, era registrado e tudo'".

Nas alegações finais (12/1/1999), o Promotor de Justiça mantém o que está na denúncia. "Requer a realização de exame de confronto entre as armas apreendidas... e os projéteis retirados dos cadáveres das vítimas."

Observe-se que já estamos em 1999.

Para a Defesa (15/1/1999), "O acusado [Geraldo] negou a prática ilícita, informando que foi torturado na Polícia. Não há qualquer indício a incriminar o acusado". Sustenta que "No Estado Democrático de Direito é uma *temeridade* considerar o inquérito policial como indício de autoria, tendo em vista as garantias do devido processo legal, ampla defesa e contraditório. Caso se utilize esta peça inquisitorial, tornar-se-á totalmente *inútil* a fase judicial". Portanto, pede que se desconsidere a confissão feita na Delegacia e se aceite apenas o que o réu declarou em Juízo. Pede a *impronúncia*.

O Juiz requisita o exame de confronto das armas e, "por outro lado, não vislumbro mais presentes os requisitos da prisão cautelar do réu..., que é primário, possui ocupação lícita e resi-

A Justiça e o Tribunal do Júri

dência fixa. Revogo, pois, a prisão preventiva..." (30/1/1999), que curiosamente não foi cumprida.[59]

Pelo Instituto de Criminalística, o exame de confronto indica que "o projétil incriminado extraído da vítima Claudenice... foi disparado pela pistola marca 'Taurus'... e que os projéteis extraídos da vítima Adilson foram disparados pelo revólver da marca 'Rossi'...".

Diante do exposto, a pronúncia do Juiz em 31 de agosto de 1999 é a seguinte: "O réu não preenche os requisitos para aguardar o julgamento em liberdade, eis que encontra-se preso por outro processo judicial. Expeça-se mandado de prisão".

O Defensor interpõe recurso (3/11/1999) em que "apela para o caráter duplamente reservado a que se deve dar para a confissão ocorrida na fase policial". Lembra da fala do réu na fase de juízo em que "negou a autoria delitiva", relatando ter confessado na Polícia mediante tortura. Por fim, pede a impronúncia do réu ou o afastamento das qualificadoras, por ser medida de Justiça.

O Ministério Público (8/11/1999) usa o depoimento do delegado Sidnei Alvarenga Rosa, onde este "afirmou que o acusado confessou espontaneamente a prática do delito na fase indiciária..." e chama a atenção para o resultado do exame de confronto balístico ter sido positivo. "No tocante às qualificadoras, observa que o réu praticou o delito a fim de realizar a justiça de mão própria em represália à atitude das vítimas, que pretendiam traficar entorpecentes próximo ao seu bar. Torpe, portanto, o motivo de crime. Além disso, as ilustrações dos laudos necroscópicos das vítimas apontam com clareza que ambas receberam disparos pelas costas, numa inequívoca demonstração da utilização de recurso que impossibilitou suas defesas".

---

[59] Por razões desconhecidas, o réu não chegou a ser solto após 30 de janeiro de 1999, talvez pelo excesso de burocracia do Judiciário. Tanto não foi solto que, em 7 de outubro de 1999, entrou com Termo de Recurso estando ainda preso.

O resultado do pedido para recurso é negado: "Acordam, em Terceira Câmara Criminal do Tribunal de Justiça do Estado de São Paulo, por votação unânime, negar provimento ao recurso" (9/5/2000).

Já se passaram três anos do crime.

Na fase do Júri, em 15 de agosto de 2001, lida a denúncia, "a Juíza pergunta ao réu o que acontecera no dia dos fatos. Respondeu que viera da Bahia há uns 7 anos, pois estava desempregado. Adquiriu uma barraca de cachorro-quente para ajudar sua mãe". Na época dos fatos, os policiais civis "me levaram para o DP, me bateram, me deram choque, muitos pontapés, me bateram bastante... aí deram um monte de papel pra mim assinar, sou analfabeto... eu assinei, mas não estava sabendo de nada". O réu negou que tivesse o apelido de "Alemão"; negou que conhecia o co-réu, Ailton Viana Soares (Magrão), negou alguma arma de fogo... O réu disse à Juíza que não participou do crime.

Perante a Juíza, há mais uma reviravolta no traçado do perfil do réu.

Ao Júri finalmente são feitas as indagações, as quais recebem a seguinte votação:

1ª série (vítima: Adilson Santos Lima):

1°) O réu... efetuou disparos de arma de fogo contra Adilson Santos Lima, produzindo-lhe os ferimentos descritos no laudo...?

6 sim x 1 não.

2°) Esses ferimentos foram a causa da morte da vítima?

7 sim x 0 não.

3°) O réu praticou o delito por motivo torpe, consistente no fato de pretender realizar justiça com as próprias mãos?

5 sim x 2 não.

4°) O réu praticou o delito com a utilização de recurso que dificultou a defesa da vítima, que foi surpreendida pelo ataque?

7 sim x 0 não.

5°) Existem atenuantes em favor do réu?

5 sim x 2 não.

2ª série (vítima: Claudenice Pereira dos Santos):

Os quesitos são os mesmos e os resultados idênticos.

Proferida a sentença, o réu Geraldo é condenado como incurso por duas vezes no artigo 121, parágrafo 2°, incisos I e IV, e artigo 66 combinado com o artigo 29, "caput", todos do Código Penal, à pena de 17 anos e 4 meses de reclusão.

Passaram-se quatro anos e quatro meses do assassinato. Os autos foram encerrados em 20/11/2001.

CAMINHOS COMPLEXOS DO EXAME DO CRIME

O processo criminal[60] instaurado pelo assassinato de Maria Cristina da Silva por dois homens, Edmilson das Neves Nogueira e José Carlos da Silva, é iniciado em 1997, mas as investigações retrocedem a 1994. Naquele ano, em 7 de maio, José Carlos da Silva, 20, irmão da vítima, apresentou queixa dizendo que a irmã fora assaltada na rua e baleada por dois desconhecidos. Esta versão está no BO de 17 de maio de 1994.

No inquérito policial, instaurado em 18 de maio e concluído em 24 de julho do mesmo ano, o crime teria resultado de um assalto seguido de morte, na Rua Portinhos, 68, Cocaia, Grajaú. Um dos investigadores informou que as possíveis testemunhas "respeitaram a lei do silêncio" e nada informaram, pois "tem muito medo".

Posteriormente, soube-se que José Carlos, irmão de Maria Cristina, fizera a declaração informando sobre o assalto para acobertar o réu.

Maria Cristina tinha 32 anos e era companheira do réu Edmilson numa relação que durava de 6 a 8 anos. Tiveram um filho e Maria Cristina já tinha outros dois, sendo um de seu marido, Ailton Vieira da Silva, e outro com pai não sabido.

Edmilson, de profissão não informada inicialmente, seria balconista, conforme consta do processo criminal. Tinha antece-

---

[60] Processo criminal nº 1075/97, do 3° Tribunal do Júri.

184   Assassinato de mulheres e Direitos Humanos

dentes criminais por porte de arma sem licença (7/7/1994, solto sob fiança), homicídio (quando menor de 17 anos) e vários furtos.

Em 1997, às 19h, Edmilson atira e mata Maria Cristina na própria residência.

Este caso teve dois julgamentos, nos quais participaram dois Promotores de Justiça (um na denúncia e outro nas alegações finais); um advogado dativo e três Juízes (um na pronúncia e dois no Júri).

Foram argüidas dez testemunhas de acusação: irmãs, mãe e pai da vítima, irmão, sobrinho, e outros, como veremos. Mantenho a linguagem transcrita nos autos:

1ª testemunha: irmã da vítima, que trabalhava como operadora de caixa. Contou que a irmã morava ao lado, era muito discreta, mas era muito mais jovem que Edmilson; que ouvia barulho de discussões na casa da irmã. Que Edmilson sumia por vezes e ela acha que ele ia preso, mas sem confirmação. Que a filha mais nova da união com Edmilson ele não a registrara. Que ao entrar na casa da irmã, após sua morte, observou "respingos de sangue" provavelmente "produzido por pessoa em movimento". Citou seu sobrinho de quatro anos como testemunha do crime.

2ª testemunha: irmão da vítima, trabalhava como eletricista de manutenção. Ele se "retrata" de declaração anterior; que sua irmã não foi vítima de roubo e homicídio. Diz que Maria Cristina vivia há 5 anos com Edmilson, com quem tivera dois filhos. Disse que no dia da morte de Cristina estava embriagado e dormia no quarto dela. Ao ser acordado por Edmilson, viu que havia muito sangue na cama e foi induzido por ele e por uma mulher de nome Elza, que possui um terreiro de umbanda, a fazer aquele depoimento (roubo e morte) para evitar "complicação". Que realmente não viu o que se passou e que o crime "com bastante probabilidade [ocorreu] no interior da casa" onde ele se encontrava.

3ª testemunha: pai da vítima, era motorista. Apresentou suspeitas com relação a Edmilson pois este dissera que a morte de Cristina fora um "acidente". E que não o viu no enterro da filha.

A Justiça e o Tribunal do Júri

4ª testemunha: sobrinho da vítima (14 anos). Não viu nada pois estava numa festa. Que o tio dormia "de fogo". Que só no dia seguinte soube de morte.

5ª testemunha: irmã da vítima. Contou que Edmilson "manifestava ciúmes da amásia... proibindo-a de... usar certas peças de roupa que chamassem a atenção, dizendo que inclusive poderia matá-la em razão de ciúme...". Confirma os depoimentos dados anteriormente.

6ª testemunha: irmã da vítima, trabalhava como manicure. Estava em casa de uma amiga na noite da morte. Que a irmã passava vários dias na casa de outra irmã; que suspeitava de Edmilson; que este "não prestava". Que a vítima morava com a mãe e foi morar sozinha depois que nasceu seu penúltimo filho e a mãe não a aceitou.

7ª testemunha: mãe da vítima. Maria Cristina ficou casada 8 anos com Ailton. Depois da separação ele voltou para a Bahia e os filhos ficaram com a mãe. Que se uniu a Edmilson e este tinha muitos ciúmes da sua filha. Que a filha chegava a ficar vários dias na casa das irmãs. A avó contou que o neto chegou a ver o padrasto manusear arma, mas sua mãe o proibia de contar este fato. Desde o início não aceitou a idéia de assalto pois a filha era "pessoa de poucas posses e residente num bairro pobre". Suspeitou de Edmilson pois este não foi à sua casa para contar sobre a filha. Que ela, quando Edmilson "pediu para se aproximar do féretro, a depoente não se conteve e o acusou abertamente de ser o responsável pela morte da mulher... que Edmilson limitou-se a chorar bastante e alegou que de fato tinha sido o responsável pela morte da amásia, mas que isto aconteceu de forma acidental. Que os familiares... estavam revoltados e houve até início de um movimento contra Edmilson... tendo... [ela] interferido para acalmar os ânimos".

8ª testemunha: irmã da vítima. Confirmou que havia sangue na cozinha e na colcha da cama. Viu Elza orientar o depoente José Carlos para dizer que houvera crime após roubo. Quanto à criança, Lais, houve várias informações. Ela estava com a "macumbeira Elza", "que dissera que Cristina havia lhe dado a criança. Entretanto, no dia vigente encontraram a certidão de Lais constando como pai o português 'Telmo Armando Morais Martins'".

9ª testemunha: Elza Gomes Antunes. Prestou depoimento dizendo que "Edmilson foi pegar a arma embaixo da geladeira quando esta disparou atingindo Maria Cristina. Diz que não induziu ninguém a dizer que fora roubo seguido de morte. Que o português registrara Lais para "ter um filho brasileiro e poder permanecer no país".

10ª testemunha (6/7/1995): dono de bar próximo à casa de Maria Cristina. Contou que Edmilson chegou a seu bar pedindo o carro emprestado. Vestia um roupão manchado de sangue. O depoente foi buscar seu carro e levou Edmilson e Maria Cristina que sangrava pela barriga. Que ouviu o Edmilson dizer "antes eu do que você" e a mulher só reclamava de dores.

Houve apenas uma testemunha de Defesa: a irmã do réu. Disse que o irmão Edmilson foi à casa dela pela manhã e contou que houvera um acidente provocado por ele. Que Cristina morrera. Ele chorava e disse que ia ficar em casa de Elza, vizinha, onde havia um terreiro de umbanda.

Em 24 de julho de 1995, conforme o auto de qualificação e de interrogatório, "Edmilson das Neves Nogueira declarou que guardava a arma sob a geladeira, abaixou-se para pegá-la enquanto Maria Cristina passava uma calça para ele vestir. A arma disparou acidentalmente... Ele se dava bem com a mulher, com quem tinha dois filhos. Não sabia que Lais Thaira Martins estava registrada como filha de um português, pois ele, na época, estava preso no Hipódromo". Ficou sabendo que a mulher fizera este registro por dinheiro para custear "advogado para defesa do interrogando, na época preso por infração ao artigo 157...". Ele também "estava preso por ocasião do presente interrogatório".

Foi ouvido Telmo Armando Morais Martins, português, que pagou 500 dólares para registrar a menina como filha para regularizar sua situação no Brasil. Ajudou a manter a menina até a mãe morrer.

A Justiça e o Tribunal do Júri

O Promotor, após o relato do delegado, solicitou: perícia balística; exame pericial do local. Contudo, não tinham a arma nem o projétil, o que impedia exame de micro-balística. A arma só foi apreendida pela Polícia meses mais tarde, em outra ocorrência. Só então foi periciada. Com relação ao local do crime, "também resta prejudicada, eis que, decorridos 14 meses da ocorrência, houve inteira alteração do cenário do crime... O delegado não recomenda a reconstituição, pois há problemas para transportar o criminoso e há outra família com três crianças no imóvel" (22/9/1995). O Promotor insiste na reconstituição do crime e um croqui do local (20/10/1995).

Em 19 de abril de 1996 saiu o laudo do Instituto de Criminalística contendo fotos e cópias do imóvel: "Não foram observados vestígios que pudessem estar relacionados com o evento".

Finalmente, foi então feita denúncia em separado contra Edmilson das Neves Nogueira e José Carlos da Silva. Foi também denunciado o português Telmo Armando Morais Martins, por delito 242 do Código Penal.

Inicia-se um 2º volume dos autos.

Os réus Edmilson e José Carlos não foram encontrados. A falsa denúncia de José Carlos da Silva prescreveu depois de 2 anos, conforme seu advogado dativo. Em 4 dezembro de 1996, Edmilson fugiu da carceragem onde cumpria pena. Recuperado em 17 de dezembro, foi conduzido ao 101º DP.

Os autos foram encaminhados para a 3ª Vara Criminal em 5 de maio de 1997, onde deveria ocorrer o *1º julgamento* (19/5/1997), mas, como já vimos em outros processos, vários incidentes levaram à postergação: falta de viatura para o réu preso vir ao local do Júri e não comparecimento da Defensoria Pública.

Nas alegações finais, o Promotor considera que o acusado confessou o tiro, houve dolo por coabitação e as testemunhas repetiram seus depoimentos e as palavras do filho da vítima, então com 4 anos, que presenciara o crime.

É pedido mais prazo para o exame das peças. O réu não compareceu, tornando-se revel (no novo interrogatório). Não há testemunhas presenciais; outras testemunhas apontam o réu. O Juiz considera que deve ir a Júri e afirma em seu memorando final (22/5/1997) que houve um "homicídio doloso", o disparo acidental "não se encaixa com o laudo necroscópico... Estava a três ou quatro metros de sua amásia quando houve o disparo. Se fosse acidental... o tiro teria entrado frontalmente no corpo da vítima, ou levemente inclinado" (p. 348 do 2º volume). Mas: "O tiro entrou pelo peito e saiu pela parte inferior das costas, num percurso quase vertical. Para percorrer a trajetória descrita, o tiro teria que ser dado de cima para baixo, indicando que o réu estaria em uma posição totalmente acima da vítima e não frontalmente, como afirma".

Observe que o Juiz levou em conta todos os depoimentos, mas desconsiderou que o pai da vítima informou que seu neto de 4 anos dissera que o pai "atirou por baixo da mesa e acertou a mãe que estava jantando" (p. 355 do 2º volume). A falsa informação do assalto reforça a tese do crime doloso.

O menino José Vitor teria contado à professora que "meu pai matou minha mãe". A professora chamou a avó (mãe da vítima) para perguntar se era verdade. Estes dados constam no depoimento de Sonia Regina da Silva à Juíza, na presença da Promotora de Justiça (PAJ) em 17 de junho de 1998.

(A presença desta criança diante de tão brutal crime poderá ter conseqüências inimagináveis sobre sua vida futura!)

No depoimento perante o Juiz, a mãe da vítima diz que "a gente tem muito medo de repressão", que era contra a filha "porque ela largou o marido e dois meninos e foi morar com ele".

O Promotor (18/12/1998) acusa o réu (artigo 408 do CP) alegando que existe material de infração penal (artigo 158), que o réu confessou o crime e tentou escamotear a verdade dizendo ter havido um assalto. O disparo não foi acidental, conforme a balística. A vítima estava jantando, conforme testemunhas. Trata-se de crime doloso, "réu e vítima brigavam muito porque ele tinha ciúmes dela. O réu a ameaçava de morte".

O Defensor dativo (29/12/1998) requer a "impronúncia do

A Justiça e o Tribunal do Júri

acusado por faltarem indícios de autoria do crime". Não há testemunhas presenciais, apenas testemunhas de "ouvir dizer". Requer afastamento da qualificadora.

Quando intimado (10/2/2000), o réu estava preso. Interrogado em 13 de abril de 2000, disse que atirou sem querer.

No 2º julgamento (6/2/2001), o réu, preso, compareceu.

Finalmente, quando se realiza o julgamento, o Juiz encaminha aos jurados os seguintes quesitos, que obtêm as respectivas respostas:

1º) O réu desfechou tiro contra a vítima?

7 sim x 0 não.

2º) Os ferimentos foram causa de morte da vítima?

7 sim x 0 não.

3º) Foi imprudência resultando em morte?

5 sim x 2 não.

4º) Agiu repentinamente impossibilitando defesa?

Prejudicado.

5º) Prevaleceu-se da coabitação?

Prejudicado.

6º) Há atenuantes?

Prejudicado.

Na sentença proferida pelo Juiz, lê-se que: "o réu já foi condenado por roubo e furto", estando inclusive preso. "Sua personalidade é voltada para o delito, fixo a pena acima do mínimo, isto é, em 3 anos de reclusão... Julgo parcialmente procedente a denúncia para condenar Edmilson das Neves Nogueira... com incurso no artigo 121, parágrafo 3º do CP, à pena de 3 anos de reclusão." Regime fechado não podendo apelar em liberdade.

Os autos foram concluídos em 6 de fevereiro de 2001.

Fazia já sete anos que Maria Cristina fora assassinada.

MATOU A MÃE.

CONDENADO, PORÉM...

Numa quarta-feira, 3 de dezembro de 1997, Leo João Mendes Junior, um ajudante de pedreiro, 23 anos, matou sua mãe

Cecília Rocha Mendes.[61] Ela era "auxiliar de serviços" e tinha 57 anos. Ele a golpeou com um botijão de gás, na casa em que moravam.[62] "No dia seguinte ao assassinato de sua mãe, comparece espontaneamente à DP. Declara que brigou com a mãe devido a um namoro de sua irmã Telma Helena Rocha Mendes com um rapaz que já tinha uma companheira e um filho. Esta invadia sua casa inclusive armada com uma faca e fazendo escândalo." "No dia 3 de dezembro de 1997, brigou com a mãe por isso e bateu-lhe com um botijão de gás vazio. Não lembra quantas vezes. Bateu na cabeça. Quando a viu caída fugiu, avisou uma vizinha e se refugiou na casa de uma tia. Esta o aconselhou a procurar a Polícia."

Leo já estivera "internado no Hospital do Mandaqui por problemas mentais". Há um ano parou o tratamento e, quando bebe, fica violento. No entanto, quando cometeu o crime, "não estava alcoolizado". O Juiz indeferiu prisão preventiva; não foi preso por ter problemas mentais.

Duas testemunhas foram chamadas para depor. A 1ª era irmã do réu. Trabalhava como "perfusionista". Disse "que o irmão tem problemas psiquiátricos desde os 4 anos, quando levou uma queda. Leo sempre foi muito introspectivo... desde a morte do pai quando ele tinha 4 anos. Leo era muito tranqüilo e gostava muito da mãe. Não entende o que aconteceu".

A 2º testemunha também era irmã do réu. Seu depoimento foi semelhante ao da outra irmã.

A família levou Leo para o exame de sanidade mental no Hospital Vera Cruz. Ele teve "alta, por onde se deduz que ele tinha capacidade de entender" seus atos. A família está em "estado de pavor, insegurança, apreensão", e por isso recorreu em 18 de dezembro de 1997 a um advogado particular. Este solicitou "que Leo fosse internado em hospital de custódia e tratamento

---

[61] Processo criminal nº 1428/97, do 2º Tribunal do Júri.

[62] Rua João de Laet, 115, Vila Aurora, São Paulo, SP.

A Justiça e o Tribunal do Júri

psiquiátrico ou, à falta deste, em outro estabelecimento adequado, conforme reclama a tranqüilidade de sua própria família e quiçá como garantia da própria ordem pública... seus familiares e vizinhos sentem-se temerosos em conviver com ele: ontem, num momento de crise, houve o sacrifício da sua própria mãe e, hoje, ou amanhã, quem poderá ser a próxima vítima, agora que ele já provou da taça de derramar sangue inocente, impunemente".

Em seu parecer, o Promotor alega que "só o Juiz, no devido tempo, pode pedir internação".

Três meses depois (6/3/1998), o Juiz "manda prender em local apropriado para tratamento médico-psiquiátrico". A esta altura, Leo não foi encontrado. Em 9 de junho de 1998, o Juiz autorizou que Leo fosse internado em "Hospital de Custódia e Tratamento Psiquiátrico da Rede COESP" para avaliação e tratamento. Várias vezes chamado a depoimento, Leo não compareceu. Acabou preso no 20º DP em 13 de agosto de 1998.[63]

Em setembro, o advogado dativo que o acompanha tenta provar inocência do réu. Leo continuava preso no 20º DP e não em hospital psiquiátrico.

Submetido a exame para avaliar a saúde mental de Leo, o médico concluiu que "é bom o estado de saúde física. Psiquicamente apresenta quadro polimorfo de distúrbios mentais, alguns decorrentes do traumatismo cerebral sofrido aos quatro anos de idade" e, tomando a atual nomenclatura, concluiu que é portador de "transtornos de personalidade e do comportamento devido a doença, a traumas e a disfunção cerebral... incapaz de perfeito entendimento do ato deletivo e, mais ainda, de se autodeterminar diante dos fatos, razão pela qual consideramo-lo semi-responsável por seus atos".

Sendo o réu considerado semi-imputável, a Promotoria pediu a pronúncia, e a Defesa, a impronúncia.

---

[63] Há nos autos um problema de datas. O réu teria sido removido para o 20º DP de Água Fria em 23 de julho de 1998.

No libelo-crime acusatório, o Promotor pede condenação do réu incurso no artigo 121, parágrafo 2º, inciso IV, combinado com o artigo 61, inciso II, alínea 'a'.

A denúncia do Promotor se dá em 18 de janeiro de 1999 e a pronúncia do Juiz quatro meses depois, em 29 de abril.

Julgado em 27 de agosto do mesmo ano, o réu é considerado semi-imputável e lhe foi aplicada "medida de segurança". O Juiz determina "internação em hospital de custódia e tratamento psiquiátrico ou, à falta, em outro estabelecimento adequado, pelo prazo mínimo de 2 anos". O mandato é válido até 18/1/2001.

Observe-se que, na verdade, esta "pena" nada mais é do que o direito e a garantia do réu de ser tratado em hospital adequado à sua condição psiquiátrica.

No entanto, o advogado dativo apela. Este procedimento é previsto para sua atuação como Defensor. As razões da apelação são contra a "medida de segurança" e requerem exame atual, pois o antigo foi feito em 21 de setembro de 1998, um ano antes da sentença. É "contra a qualificadora" (4/11/1999) e "pede condenação por homicídio simples". Não houve "surpresa", pois a mãe sabia da doença e "tinha sim razões mais do que suficientes para estar sempre em estado de alerta".

Manifestando-se contra os argumentos, a Promotora de Justiça é pelo improvimento do apelo (10/9/2000). Os autos foram encaminhados para o Desembargador Marcondes D'Angelo. O Tribunal de Justiça nega provimento ao recurso. O réu foi enviado à Casa de Custódia e Tratamento de Taubaté.

A conclusão dos autos se deu em 4/4/2001.

Deste processo participaram três Promotores (um na denúncia; dois nas alegações finais; um no Júri), um advogado dativo (em 29/9/1998) e dois Juízes (um na pronúncia e um no Júri). Anos de trabalho, dois volumes e envolvimento de vários profissionais para solucionar um caso já resolvido desde o início, pois o primeiro Juiz que cuidou do caso já se manifestara de modo semelhante à sentença final.

A Justiça e o Tribunal do Júri

Qual o sentido de se submeter a Júri um indivíduo com diagnóstico de "problemas mentais"?

Este foi um dos poucos casos que pude acompanhar até 2006, e constatei que o réu se encontrava ainda internado, agora no Hospital de Custódia e Tratamento Psiquiátrico de Franco da Rocha.

5. A JUSTIÇA É BRANDA

Quando a Justiça não alcança os criminosos e eles ficam impunes, a imagem da instituição é de fraqueza. Arquivar um processo significa, muitas vezes, que o agressor permanecerá livre e nem será indiciado.

Vejamos a seguir quatro processos em que adolescentes foram assassinadas e que, encaminhados ao Tribunal do Júri, não chegaram a julgamento e foram arquivados.[64]

BALA PERDIDA.
PROCESSO ARQUIVADO
Um dos freqüentes arquivamentos decorre de morte por "bala perdida", em que não se descobre quem foi o autor do disparo, como o descrito no processo criminal nº 148/97 do 5º Tribunal do Júri, em que Noranei Souza Chaves (no laudo do IML consta Nora Ney), 19 anos, estudante, foi assassinada num ponto de ônibus em 12 de maio de 1996. Estava com uma tia e ambas tinham saído de um culto evangélico. Informou a tia, Julia Evangelista de Souza, que "estava com sua sobrinha num ponto de ônibus quando surgiu um rapaz desconhecido e sem motivo aparente sacou de uma arma de fogo e efetuou um disparo contra sua

---

[64] No levantamento realizado, excluímos os processos que já estavam arquivados. Os processos aqui descritos como arquivados o foram após a seleção da amostra.

sobrinha, nas costas... A depoente informou ainda que sua sobrinha estava na cidade de São Paulo há apenas 15 dias e ainda não tinha nenhuma amizade na cidade".

Havia muitas pessoas no ponto do ônibus quando ela foi atingida. Ficara grávida na Bahia e viera para morar com parentes. Familiares supõem que o tiro visava outra pessoa que estivesse no ponto de ônibus e a atingira por engano. No exame do corpo no IML, constatou-se que Nora Ney de Souza Chaves tinha útero gravídico.

Na investigação pelo DHPP nada foi descoberto, nenhuma testemunha presencial foi encontrada. A Promotoria de Justiça requereu arquivamento do processo.

UM CORPO NOS FUNDOS DO IML.
PROCESSO ARQUIVADO

O corpo de Ana Paula Ribeiro dos Santos, de 18 anos, foi encontrado nos fundos do IML, num terreno baldio, à Av. Gastão Vidigal, 307 (Favela Madeirite). Estava envolto numa coberta e amarrado por uma corda. É surpreendente o local onde colocaram Ana Paula, tão próximo do IML.

O crime ocorreu em 2 de abril de 1997. Ela vivia há três meses com o radiotécnico Aloísio Bispo dos Santos, na Favela Votorantim, no Bairro do CEAGESP, Vila Leopoldina. Era viciada em drogas, mas nunca as usara no barraco onde moravam, informa Aloísio. Por vezes saía à noite para comprar e usar a droga.

Como em inúmeros casos, no local da moradia "impera a lei do silêncio", ninguém sabe nada sobre o ou os autores do crime, conforme consta no Boletim de Ocorrência.

Ana Paula tivera passagens pelo SOS Criança. No IML, constatou-se que levara 3 tiros, e o exame toxicológico resultou "*negativo*". Há 4 fotos do local e 5 fotos da vítima detalhando os locais dos projéteis. Não há informações suficientes que justificassem o prosseguimento do processo.

O processo criminal nº 333/97, do 5º Tribunal do Júri, foi arquivado.

Jovem assassinada.
Arquivado por falta de provas?

O processo criminal nº 060/97, do 5º Tribunal do Júri, se refere à jovem Renata Pereira Sampaio, de 16 anos, assassinada em 4 de dezembro de 1996. Identificada através do SOS Criança pelas impressões digitais, morava num barraco construído na *via pública entre um muro e uma árvore*, na Vila Leopoldina.

No local há várias fábricas, e ela retirava água da Concremix, conforme um segurança do local. Este foi demitido no mesmo dia da descoberta do crime. *Três meses depois* a empresa informou não ter o endereço do segurança, que não foi encontrado pela Polícia.

A arma utilizada é descrita como "perfuro-cortante". Consta do laudo necroscópico que a morte foi "violenta" e houve hemorragia interna.

Renata tinha sido criada pela avó e, desde os 12 anos, "passou a dar trabalho", drogando-se, e "gostava de morar na Praça da Sé com outros menores", conforme uma tia. Roubava objetos da casa para comprar drogas. Esteve por duas ou três vezes no SOS Criança, mas *"a avó não sabe dizer por quê"*.

O inquérito foi arquivado por falta de provas em 18 de agosto de 1997.

Um corpo de mulher na porta do bar.
Autor desconhecido. Arquivado

Na Favela São Remo, que fica em terreno contíguo à Universidade de São Paulo, Fernanda Feitosa Nunes, de 16 anos, foi assassinada com 2 dois tiros pelas costas, numa quinta-feira à noite (6/11/1997). Seu corpo foi deixado na frente do bar de Roberto Matias da Costa. Diz o inquérito do processo criminal nº 796/97, do 5º Tribunal do Júri, que, "assustado, o depoente avisou a esposa e fechou o bar só saindo quando a Polícia chegou". Roberto alega não ter visto ou ouvido nada, tiros ou vozes. Há 5 fotos da vítima, 2 do local e 1 do projétil, "que não se pode identificar de que munição fez parte". O exame toxicológico foi negativo.

Como "O delito não foi presenciado por nenhuma testemunha, sendo que todas afirmam ter visto apenas a mesma cair no chão desfalecida", o Ministério Público pediu o arquivamento do processo.

Os autos foram concluídos em agosto de 1997.

Este é um dos inúmeros casos de ausência de testemunhas. O medo de vingança dos assassinos é o responsável pela dita "lei do silêncio", em que eventuais testemunhas se calam. Fossem outras as circunstâncias que não o ocorrido numa favela, será que a investigação não prosseguiria?

Esta dúvida é retórica, pois se sabe que, dependendo do caso, da posição social da pessoa agredida, do interesse policial ou político, a investigação não se interrompe tão ligeiramente.

O caso de Fernanda é mais um caso de adolescente morta sem solução. E, mais uma vez, a droga é uma "fácil" personagem nesse cenário obscuro.

O abandono e a total falta de orientação das adolescentes como Renata ou Ana Paula assemelham-se: tiveram várias passagens pelo SOS Criança. Foram conduzidas a percorrer uma trajetória que facilitou o uso de drogas e de violência. Elas simbolizam a falta de alternativas educacionais, lazer, profissionalização e orientação. Provêm de famílias desorganizadas e desprovidas de soluções — problemas sofridos por grande parte de jovens, sobretudo os mais pobres.

A análise do assassinato de mulheres não pode se restringir à idade adulta ou se deter nas relações matrimoniais. Muitas das raízes desta forma de violência encontram-se *na infância e na adolescência* de mulheres e homens. A educação *lato sensu* ou a falta dela indicam o total *abandono social* em que crianças e jovens se desenvolvem. Há um círculo vicioso entre as expectativas da escola e da família: a escola espera apoio e orientação das famílias, as quais *não* têm condições de as oferecer. A família — quando existe — espera da escola um papel formador que ela também não tem condições de fornecer, por inúmeras razões: pro-

A Justiça e o Tribunal do Júri

fessores desprovidos de qualquer orientação ou solução para os problemas enfrentados. São raríssimos os recursos que a comunidade oferece aos jovens de todas as classes sociais.

A privatização do lazer e da formação escolar supre, com parcimônia, alternativas que levam os jovens da classe média ou alta, branca, a conhecer outras formas de vida além dos muros de seus próprios domicílios. As demais classes sociais estão enclausuradas em seus bairros. Fronteiras econômicas e sociais impedem que crianças e jovens usufruam dos parcos recursos alternativos que a cidade oferece. Crianças e adolescentes ficam completamente impedidos de sair da vizinhança pela ausência de "simples" recursos como dinheiro para pagar transporte. Têm como horizonte a convivência com situações de violência intra ou extrafamiliar.

O mundo "de fora", de um outro tipo de vida, é trazido pelas imagens da televisão: conforto, bens de consumo, riqueza, carreiras prestigiosas. Barrigas grávidas acarinhadas e beijadas pelo galã da hora, a edulcorada maternidade, os filhos precoces que prometem o carinho que elas não encontram na realidade. E, ainda, a violência como o meio para a conquista da felicidade. Não se trata de diabolizar a televisão, mas de encarar a total falta de caminhos sociais e econômicos alternativos.

A difícil reversão depende, em parte, de outras oportunidades colocadas ao olhar dos e das jovens.

ARQUIVADO POR MORTE DO RÉU:
ELE MATOU POR TER SIDO ROUBADO EM R$ 19,00...
Jacinto Brasileiro de Jesus matou Ruth Ferreira da Silva a facadas. Ele tinha 72 anos, ela, 35; eram vizinhos. Jacinto disse que Ruth lhe roubava objetos pessoais e que naquele dia lhe furtara R$ 19,00 e fugira.

Em depoimento em juízo, disse Jacinto: "Eu sei por que estou sendo processado e os fatos na denúncia são parcialmente verdadeiros. Em primeiro lugar, estou em São Paulo há uns 30 anos e minha profissão é de barbeiro, mas já faz 5 anos que eu me aposentei. De uns seis meses para cá eu tenho sofrido de artrite, que me deixou inválido. Por causa disso tenho vivido da bondade alheia, consigo alimentos na assistência social ou na igreja. Para ajudar nas despesas eu ainda vendo cigarros do Paraguai. Esse dinheirinho chegava a, no máximo, uns 50 ou 60 reais. Esmolando na rua, eu conseguia mais que com o cigarro, isto é, uns 15 a 20 reais por semana; gastava nos remédios habituais uns 25 reais. *Assim, 19 reais representavam para mim bastante dinheiro*".

Ruth acabara de sair da prisão e "estava morando na favela há uns 30 dias. Era uma mulher forte, pesava uns 90 kg. Ela já havia me assaltado outras 3 vezes. Não cheguei a ir na Polícia prestar queixa dela... eu passava a maior parte do tempo deitado no meu barraco. Chegou Ruth pela quarta vez, queria cigarros, e não acreditando que eu não tinha, deitou por cima do meu corpo, começou a remexer na minha bolsa. Foi aí que ela achou o dinheiro... Consegui me desvencilhar e pegar por baixo da cama a 'crente', uma faca que eu guardava. Quando ela me viu armado, saiu correndo. Fui atrás, ela tinha se escondido no banheiro da vizinha... quando ela me viu, pegou-me pela garganta, e recordo de ter lhe dado dois ou três golpes. Ela largou minha garganta e eu voltei para minha casa, agoniado com o meu coração... Depois que fui preso, piorei de saúde... ninguém viu nossa briga e eu não consegui recuperar meu dinheiro".

Os moradores do local deram depoimentos controversos: uns o acusavam de convidar meninas para seu barraco com intuitos libidinosos. Outros o ajudavam e esporadicamente limpavam seu barraco e também cozinhavam para ele. O soldado PM que atendeu o caso confirmou os dados do depoimento e acrescentou: "O interrogado não se arrepende do que fez".

Jacinto foi preso em flagrante delito (artigo 121 do Código Penal).

No dia 26 de agosto de 1997 o acusado faleceu no Hospital Penitenciário.

Extinta a punibilidade, os autos do processo foram arquivados. Era 16 de dezembro de 1997.

O caso analisado, morte por roubo, não é freqüente. A reação fatal da vítima do roubo tornou-o réu. Inteiramente desprovido de bens, de apoio, isolado na sociedade, só contava consigo mesmo para se defender. De trabalhador pobre passou à condição de miserável. Em seu universo, a Polícia era inatingível: o que diria numa Delegacia ao ser roubado de quantia ínfima de dinheiro? Que atenção lhe seria dada? A proteção dada ao cidadão não se estendia à sua condição de miserável. Ambos, vítima e réu, estavam em situação social semelhante, eram não-cidadãos.

MORTA NUM BAR. O RÉU FUGIU.
O PROCESSO CONTINUA ABERTO (1997-...)

Catia Cilene Bueno e Luiz Carlos Barbosa dos Santos (processo criminal nº 755/97, do 4º Tribunal do Júri) estavam em um bar, na Vila Ré, bebendo cerveja e jogando bilhar. Quando iam embora e Luiz Carlos foi pagar a conta, Celson Joventino Santos Neto, conhecido como Ceará, começou a atirar. Atingiu Luiz Carlos, que saiu correndo em busca de ajuda médica. Ceará continuou atirando e matou Catia.

Interrogado, o dono do bar contou o seguinte: naquele momento, foi socorrer o filho de 2 anos que chorava e sua mulher que desmaiara. Em seguida, colocou o corpo de Catia fora do bar e baixou as portas. Tomou um táxi e foi com a família para a casa de sua mãe.

Uma foto de Ceará permitiu o reconhecimento pelo dono do bar, por sua mulher e pela outra vítima, Luiz Carlos. Os ferimentos de Catia mostravam que ela tentara se defender.

O bar é muito bem-arrumado. A rua é calçada e o meio-fio, asfaltado. Foi feito exame do local e do corpo logo em seguida, em 23 de julho de 1997.

Ceará passou a ser procurado desde 19 de agosto do mesmo ano, sem sucesso. Abandonou a casa em que residia. Foram inquiridas várias pessoas da família e outras que estavam no bar. Todas, exceto sua ex-esposa, "pediram sigilo do depoimento temendo pela integridade física".

Feita qualificação indireta (o réu não estava presente), o delegado de Polícia pediu prisão preventiva e encaminhou o processo ao Juiz.

Todas as testemunhas foram *argüidas novamente*, mas *três faltaram*: o irmão do acusado, Antonio José, o dono do bar e sua mulher Rita. O Juiz mandou intimá-los, mas Rita e o marido já tinham se mudado, e a família não sabia onde estavam (!). Os dois continuam sem ser encontrados. Os endereços não conferem e as testemunhas não são mais localizadas.

Em 21 de julho de 1999, Celson continuava a ser intimado. *O processo está em aberto.*

Morte de uma prostituta: crime a esclarecer (1997-2002...)

Em 11 de janeiro de 1997, a Polícia foi informada do assassinato de Maria das Graças Conceição,[65] também conhecida como Greice. Tinha 39 anos. Sua morte ocorrera "alguns dias antes", e o corpo foi encontrado em decomposição. Maria das Graças fora casada com Getulio Nascimento, funcionário público, e tivera 8 filhos, dos quais 6 estavam vivos. Separada há 4 anos, seu último companheiro fora Vando, que teria uns 22 anos. Ela vivia da prostituição e morava num quarto alugado nos fundos de uma casa. Seu relacionamento com Vando era recente, uns 15 dias; ele não trabalhava, vivia às custas dela. Não se apurou com precisão qual fora a causa da morte: facadas ou tiro?

O mais provável é que Vando (Evandro) a tivesse matado para roubar alguns bens (televisão, rádio, relógio, fotografias e documentos pessoais). Na Polícia depuseram dois filhos, o ex-marido e um comerciante das redondezas.

O caso foi ao 1º Tribunal do Júri, mas a pedido do Promotor, que queria a localização de Vando, ele voltou à Polícia para maiores investigações.

---

[65] Processo criminal nº 808/97, do 1º Tribunal do Júri.

Maria das Graças fora atendida algum tempo antes no Hospital Tide Setúbal por um tiro na perna, e o Juiz insistiu para que o Hospital localizasse a ficha médica da vítima. Sem a filiação, o Hospital alegou que não conseguia localizar a ficha. O Juiz fez então um mandado de busca e apreensão enviando os dados completos e um oficial encarregado de localizar a ficha. Ainda assim, esta não foi encontrada. O Hospital alegou que fazia 35 mil fichas "por mês" e que no período solicitado elas seriam cerca de 75 mil.

Por dois anos os filhos foram intimados a comparecer várias vezes. A *causa mortis* ficou como indeterminada.

Reinquiridas, nenhuma das testemunhas reconheceu o retrato falado de Vando. A esta altura já se estava em 16 de agosto de 2000.

Uma nova tentativa de reconhecimento foi feita com mandado coercitivo para a presença de filhos e filhas da vítima. Sem resultado. Ninguém compareceu. O inquérito policial foi concluído em 18 de abril de 2002.

Foi aberto um segundo volume para os autos. O caso foi enviado à 1ª Vara do Júri, mas o Promotor de Justiça, em 14 de junho de 2002, pediu mais 60 dias de prazo. O Juiz tentou, com insistência, obter dados para esclarecer este caso. Não conseguiu. Empecilhos de vários tipos se interpuseram: a carente administração do Hospital Tide Setúbal, a dificultosa cooperação dos familiares, o furto.

Apesar do empenho do Juiz e do Promotor, o caso perdurou e, em 2002, não havendo decisão tomada, o crime ainda estava "*a esclarecer*".

Não é tão difícil desaparecer numa cidade como São Paulo, ou no Brasil. Os réus e testemunhas têm muita facilidade para fugir. Com isso, os julgamentos são retardados.

Este caso, semelhante a tantos outros, revela as enormes dificuldades do Judiciário e o extraordinário barateamento da vida humana em nosso país.

FOI A NETA QUEM MATOU?

Angela Sales teria sido morta por envenenamento pela neta, Maria Aparecida de Oliveira (Cida), em 3 de junho de 1990, conforme inquérito policial nº 886/93. A este foi juntado outro inquérito pelo falecimento de João Ananias Ribeiro em 6 de outubro de 1994, tio de Cida.

Tudo começou no dia seguinte ao falecimento de João Ananias. Salvador Pedro de Araújo compareceu ao 64º Distrito Policial levantando a suspeita de que a sobrinha, Cida, o tenha envenenado. A acusação teria por base a informação de Cida ter "dito ao tio que seu carro fora roubado, mas na verdade ela o vendera. O tio ficara desgostoso com a notícia quatro dias antes de morrer".

Cida teria escrito uma carta onde confessava:

"Pois bem, estou roubando e matando. Não tenho para onde ir, nem meu tio nem minha avó me querem aqui... não tenho nada para comer ou para dar a Miriam [uma de suas filhas]. A doença de minha avó fui eu que gerou [com] dose excessiva de remédio pois assim ela precisava de ajuda e eu poderia e ganharia mais tempo para ficar aqui. Troquei os remédios de minha vó por veneno de rato, são cápsulas, eu troquei o pó por granulado do veneno. Ele age lentamente, até agora ninguém descobriu, só estou fazendo isso para ter onde ficar... hoje meu tio chegou bêbado e me botou na rua com Miriam... de bronca de ser pisoteada... dei uma dose maior para ela... Sei que sou uma assassina com um crime premeditado..."

Os dois inquéritos foram juntados. No caso da avó, nada mais se poderia averiguar, pois outro corpo já tinha sido sepultado no mesmo lugar. Além disso, a médica (?) informou que a avó, Angela, sofria de problemas de saúde que justificariam seu falecimento. Também no laudo não constava "nenhum resíduo químico que comprove o envenenamento...".

A Justiça e o Tribunal do Júri

Cida nunca foi encontrada. Não havia "elementos técnicos e médicos no sentido da ocorrência de envenenamento, não sendo possível atestar seguramente que a carta foi escrita pela suspeita, havendo testemunha desabonando a tese de morte provocada".

Os autos foram arquivados.

QUEM MATOU MARILENE?
O RÉU FOI IMPRONUNCIADO (1997-2002)

Em 24 de setembro de 1997, Marilene Dias da Silva, 24 anos, auxiliar de crediário, foi assassinada. Ricardo Valentim da Silva foi acusado.[66] O réu, de 25 anos, era policial militar, e tivera um relacionamento com Marilene por três meses.

Diz a acusação que "terminaram, após alguns meses de relacionamento, o namoro que mantinham... decorrido certo tempo, pretendendo reatar o relacionamento, [Ricardo] passou a telefonar e a se dirigir ao local de trabalho da ofendida... mas ela, por estar enamorada de outro homem, já noiva inclusive, repelia as investidas do referido". Assim, Ricardo teria decidido se vingar de Marilene, matando-a a tiros.

O crime ocorreu em 24 de setembro de 1997, mas o exame da arma só foi completado quatro meses depois, em 14/1/1998. Como houvesse passado muito tempo, não foi possível pesquisar resíduos de pólvora.

Entre as testemunhas ouvidas no inquérito, uma delas, colega de trabalho de Marilene, identificou Ricardo na sala de reconhecimento pessoal como sendo o homem que ele vira e com quem conversara junto a um carrinho de pipoca, de propriedade de Érica e Rose. E o viu depois dos disparos correndo em direção contrária, mas não o viu atirar.

Érica (a dona do carrinho de pipoca) e Claudio, que também ali estava, contaram que o homem ficara por cerca de duas horas (18h às 20h) dizendo esperar pela mulher dele. Érica tam-

---

[66] Processo criminal nº 1332/97, do 3º Tribunal do Júri.

bém reconheceu Ricardo na Delegacia como a pessoa com quem havia conversado. Esta testemunha não foi mais encontrada.

Nenhuma destas testemunhas afirmou ter visto a pessoa que atirara.

Ricardo diz que não atirou, e supõe que o atual namorado de Marilene o tivesse feito. Ignora porque as pessoas o reconheceram como autor do homicídio, pois ele estava no Gabinete de Instrução do Comando de Policiamento Rodoviário quando do crime.

Na Corregedoria da Polícia Militar do Estado de São Paulo, Helio César de Andrade Borges, noivo de Marilene, informou que Ricardo não se conformava com o namoro dos dois. Telefonava para a loja onde ela trabalhava e, em um só dia, chegou a ligar por oito vezes, conforme Marilene lhe contara, dizendo temer muito as investidas de Ricardo. Alaíde, mãe de Marilene, contou que no dia anterior ao crime a filha dissera estar muito preocupada com o ex-namorado, e que ele telefonara oito vezes para seu trabalho. Estas ligações telefônicas são confirmadas pela irmã e por uma amiga de Marilene. Em seguida, Ricardo começou a procurar Marilene pessoalmente na saída do trabalho, e isso a assustava, conforme a amiga Marli. A colega de trabalho mantém o mesmo depoimento dado anteriormente. Marilene confessou a Marli que com Helio se casaria porque "o ciúme dele era suportável, mas com Ricardo não se casaria, pois o mesmo tinha um ciúme agressivo, até das roupas que ela vestia".

A imprensa acompanhou o desenrolar deste caso, e recortes do *Diário Popular* foram incluídos nos autos. Neles se lê: "Garota ameaçada é seguida e executada"; "O ex-namorado está desaparecido". A mãe de Marilene contou também que fora procurada pelo radialista Gil Gomes.

Em sua defesa, Ricardo contou que "no dia do crime, por volta das 19 horas, encontrou o soldado Julio César de Paulo no quartel do GI/CPRv para irem ao Terminal Rodoviário do Tietê 'reservar' uma passagem. Os dois saíram juntos, pegaram um ônibus para a Estação Barra Funda do metrô; nesta estação fez

A Justiça e o Tribunal do Júri

um saque no caixa eletrônico do Banespa. Depois jantaram em lanchonete do Shopping Center Norte... Voltaram juntos para o quartel por volta das 23h30 e foram dormir". No dia seguinte, ficou sabendo através do jornal "Agora", do SBT, "do assassinato de Marilene... Passado um bom tempo, o declarante ligou para a casa da família de Marilene a fim de prestar seu apoio, sendo que conversou com a mãe... a cunhada... e o irmão dela... Ricardo se declara inocente".

Todas estas pessoas, exceto Érica, que não mais foi encontrada, foram chamadas a depor em juízo e confirmaram aproximadamente o que tinham dito. Finalmente, o PM Julio César de Paulo, colega de serviço de Ricardo, confirma que ambos estiveram juntos no dia do crime. Outra testemunha da Defesa, a PM Maria Solange de Araújo, contou que, ao saber da notícia pela televisão, "Ricardo ficou super-arrasado... chorava tanto... nem conseguia falar direito".

Como se vê, os depoimentos foram tomados três vezes, exceto Érica e Claudio, que trabalhavam no carrinho de pipoca e não foram mais encontrados.

Em suas alegações finais, a Defesa "Requer a impronúncia do acusado com base na completa inexistência de indícios de autoria... Não existem testemunhas presenciais... a acusação foi baseada tão-somente no fato de algumas testemunhas terem afirmado que o acusado teria ligado algumas vezes para o trabalho da vítima, no dia anterior à data dos fatos".

Havia ainda o testemunho do colega corroborando os fatos. O acusado se dissera inocente e fora "submetido a um processo disciplinar sumário da PM, o qual fora arquivado devido à insuficiência de provas".

Estava-se em 14 de maio de 2001, quatro anos após o crime.

Finalmente, a Juíza considera "a ação penal improcedente. O acusado será impronunciado dada a ausência de indícios de autoria... a efetiva participação do réu na morte de Marilene não restou suficientemente demonstrada".

O depoimento do colega de serviço do réu confirmava estarem na Barra Funda. "Além disso, pelo documento que comprovava o saque efetuado no caixa... ato *personalíssimo* pois depende do uso da senha individual de *conhecimento exclusivo* do correntista" (grifos meus). Ora, é impossível que a mesma pessoa esteja em dois lugares diferentes ao mesmo tempo.

Assim sendo, em relatório de 18 de junho de 2001, a Juíza considera que: "O acusado será *impronunciado* dada ausência de indícios de autoria... a efetiva participação do réu na morte de Marilene não restou suficientemente demonstrada".

No último documento do processo está o "termo de entrega", devolução da arma do inocentado. Estava-se em 12 de agosto de 2002, passaram-se cinco anos do início do processo.

Afinal, quem matou Marilene?

MATOU A COMPANHEIRA.
INIMPUTÁVEL POR DOENÇA

Em 10 de setembro de 1997, Maria Aparecida de Souza, 43, gari, foi assassinada por seu companheiro Elviro Nunes Gonçalves, 55 anos, também gari.[67] Não há informações sobre eventuais antecedentes criminais de nenhum dos dois. Maria Aparecida tinha um filho de 4 anos, oriundo de outra relação.

O crime ocorreu numa terça-feira pela madrugada, às 3h, na residência (tipo casa de cômodos) do casal. Elviro usou um taco de bilhar, que ele identificou como uma "tranca de ferro".

Diz o inquérito policial que Elviro Nunes foi preso em flagrante; embriagado, discutiu com Maria Aparecida que, para poder dormir, trancara a porta, impedindo-o de entrar. Com a "tranca de sinuca" usada para trancar a porta, ele golpeou Maria Aparecida, causando-lhe ferimentos e morte.

A 1ª testemunha foi o PM que acorreu ao local. A vítima já não respirava. O réu tinha ferimento no rosto, pois a mulher lhe atirara uma panela.

---

[67] Processo criminal nº 1050/97, do 4º Tribunal do Júri.

A 2ª testemunha, filho de José Guilherme de Souza e Maria Aparecida, era comerciante e tinha 20 anos. Relatou que o casal "discutia" devido ao alcoolismo. O padrasto chegou às 3h, bêbado. A porta estava fechada. Ele gritou e a arrombou. No depoimento, José Guilherme disse ao Juiz que quando bebe "tem ataque epiléptico". Diz tomar Gardenal.

Acusou a companheira de ter tirado R$ 10,00 de sua carteira. Na briga, ela lhe atirou uma panela de pressão. Ele reagiu e a matou com um taco de bilhar. Mostrou-se arrependido. O Juiz solicitou investigação sobre a citada doença mental.

Do ponto de vista psiquiátrico-forense, o réu cairia na condição de inimputabilidade por haver nexo causal entre o delito e a doença. O laudo de exame de sanidade mental (3/4/1998) confirma a doença. Crises convulsivas se iniciaram há cerca de cinco anos. O réu usava anticonvulsivante (Fenobarbital). Seus três irmãos têm problemas semelhantes. Bebe, não usa drogas. Já foi internado em unidade psiquiátrica.

O réu afirma: "Fui agredido pela minha própria família, minha mulher, daí peguei o travessão de ferro da porta e resolvi".

Síntese e conclusões: "Trata-se de... portador de alcoolismo e epilepsia (doença mental), não apresentando à época dos fatos capacidade de entendimento e determinação".

Nas alegações finais do Promotor (30/4/1998), diz que a despeito do laudo não há "prova absoluta de inimputabilidade. O réu afirmou que não havia bebido".

Ao prosseguir com o julgamento, o Juiz "absolve sumariamente o réu Elviro... e aplica ao mesmo a medida de segurança de internação em hospital de custódia e tratamento psiquiátrico ou, à falta, em outro estabelecimento adequado, pelo prazo mínimo de três anos, tratando-se de crime apenado com reclusão".

O advogado de Defesa não se conforma e "pleiteia a absolvição com fulcro no artigo 25 do CP ou a oportunidade de ser julgado por seus pares". A alegação é que o réu foi "injustamente agredido pela vítima" (29/5/1998).

O Promotor pleiteia que o réu vá a Júri em 9/6/1998.

O Tribunal de Justiça do Estado nega os dois recursos.
O réu é inimputável.

A MÚSICA ESTAVA MUITO ALTA...
ARQUIVADO
Aldeni foi morto por um desconhecido.[68] O overloquista estava com a namorada Luciene ouvindo o rádio da Kombi, bem alto, em frente à casa dela. Isto teria provocado a reação de uma pessoa não identificada, que pediu para abaixarem o volume. Em seguida, esta pessoa atirou, matando Aldeni e ferindo Luciene.

Entre as testemunhas — nenhuma que tenha visto o crime — não faltaram também alguns relatos sobre o uso de drogas.

Observe-se que o IML levou três meses para enviar os resultados dos exames necroscópicos. Juntaram-se fotos do local do crime; os policiais militares informaram que o corpo estava em decúbito dorsal, mas o perito afirmava que estava em decúbito ventral.

Como eventuais suspeitos não foram encontrados, o Juiz arquivou o inquérito.

CRIMINOSOS SE VINGAM... NA ESPOSA
Marisa Eliete foi assassinada em sua cama com vários disparos enquanto dormia.[69] Ocupava a parte de baixo de um beliche. Estava em visita a parentes em São Paulo, em cuja casa se hospedou e onde moravam várias pessoas da família. Ninguém ouviu nada, nem mesmo o sobrinho que dormia na parte superior do beliche. Uma menina de 12 anos vislumbrou "um homem saindo da casa, mas não viu seu rosto". Nada foi roubado. O companheiro de Marisa Eliete, Rodolfo, era um PM que alguns anos antes participara de uma ação contra três assaltantes, dos quais dois foram mortos. Rodolfo passou a receber ameaças e

---

[68] Processo criminal nº 065/97, do 4º Tribunal do Júri.

[69] Processo criminal nº 739/97, do 4º Tribunal do Júri.

A Justiça e o Tribunal do Júri

pediu transferência para uma cidade do interior do Estado. Ao voltar a São Paulo para visitar a família, a mulher de Rodolfo, Marisa Eliete, foi assassinada. Concluiu-se que fora o assaltante remanescente quem a matara e que continuava a fazer ameaças à esposa do outro PM envolvido na ação.

Marisa Eliete foi morta com 11 tiros nas costas. Quem a matou? Será que era realmente impossível localizá-lo?

Os autos foram arquivados.

UMA ESTRANHA BALA PERDIDA
E UMA MULHER MORRE

Marilene de Araújo Macedo, de 42 anos, foi morta quando passava pela rua durante um assalto a um posto de gasolina.[70] Um policial militar e um segurança do posto reagiram a tiros. Não conseguiram evitar a fuga do ou dos assaltantes.

O PM afirmou que "só tomou conhecimento do homicídio ocorrido nas proximidades do posto através da reportagem feita pelo jornal *Diário Popular*". Quanto ao segurança do posto, que atirou quatro vezes, "somente no dia seguinte ficou sabendo através de comentários no posto" que houvera uma vítima fatal.

Os dois compareceram ao Distrito Policial e deixaram suas armas. Contudo, elas não foram examinadas.

O Promotor concluiu que não havia como saber se o tiro partira dos dois policiais ou do assaltante.

Ao arquivar o inquérito, o Juiz considerou que, de qualquer modo, os dois agiram em legítima defesa e que não houve excesso na conduta.

Como se lê e se ouve cotidianamente, estes tiroteios fazem vítimas arbitrariamente; sobretudo aquelas que andam pelas ruas, como mulheres que vão comprar pão, ou estão num mercadinho, atividades estas diárias, ou como alguma criança que brinca na calçada. Por vezes, os tiros atingem homens, mas são mulheres e

---

[70] Processo criminal nº 518/97, do 4º Tribunal do Júri.

crianças as vítimas que mais circulam pelas proximidades das casas onde moram e que têm atividades a elas relacionadas.

Realmente, para nós, meros transeuntes, restam espantosas indagações: Por que a Polícia atira aparentemente a esmo? Por que não é ensinada a proteger, antes de mais nada, a vida das pessoas que circulam pelo espaço público? Por que não lhes é ensinado o adequado manejo das armas? Em caso de uso inevitável, não deveriam ser alvo partes do corpo que impeçam a fuga, mas preservem a vida? A única resposta que nos ocorre é que a vida humana não vale absolutamente nada diante da proteção de bens materiais.

À Justiça caberia estabelecer parâmetros para evitar o uso indiscriminado de armas.

MATOU E SE SUICIDOU.
PROCESSO ENCERRADO

Embora a imprensa tenha noticiado o comportamento suicida de alguns companheiros, um dos raros casos em que o réu matou e se suicidou consta do processo criminal nº 608/97, do 4º Tribunal do Júri. O assassino deixou escrito, junto a seu testamento, o seguinte:

"Tentei vencer e não consegui
Tentei amar, não fui amado
Tentei viver e não vivi".

Este texto foi escrito por José Gonçalves da Silva. Matou a mulher e se suicidou em seguida. Era sua segunda união. Viviam juntos há 10 anos e estavam separados há cerca de 15 dias. Cristiane Oliveira Menezes dizia não agüentar mais "ser agredida por José, por isso não queria reatar o casamento". "Não agüentava seus ciúmes", contou uma das testemunhas. Ele dizia a amigos que "a qualquer hora perderia o controle, mataria Cristiane e cometeria suicídio". O depoente que relatou estes fatos era seu amigo, e não acreditou que José faria tal gesto.

Cristiane tinha 26 anos; José, 49. Tinham uma filha, para

a qual ele deixou, em testamento, todos os bens, excluindo outros filhos de casamento anterior.

Em 20 de julho de 1998 os autos foram encerrados.

* * *

As condenações nos Tribunais do Júri indicam uma considerável mudança se comparadas às das décadas anteriores a 1960: são condenados os assassinos que cometeram crimes nas áreas domésticas, nos casos em que o réu mantinha alguma relação afetiva extradomiciliar, quando a mulher desejava romper a relação, ou quando eles consideravam que estavam sendo traídos. Não se aceita mais que a solução seja o assassinato da mulher. O Júri condena os homens que se mantêm atrelados aos valores e comportamentos tradicionais de propriedade "ad eternum" da mulher e que pretendem fazer uma pseudojustiça com as próprias mãos.

O Júri também condena aqueles crimes, tão freqüentes, decorrentes da pressão urbana — como uma batida de carro.

A Justiça é cuidadosa na obtenção de provas, o que a leva a entrar por caminhos burocráticos para localizar o réu e as testemunhas. Retarda-se o processo que, freqüentemente, não chega a uma conclusão e é arquivado. A morosidade burocrática facilita a fuga dos réus e a população passa a considerar que a "justiça é branda" e favorece alguns, sobretudo os mais ricos ou influentes.

A quantidade de crimes por balas perdidas cujos autores não são identificados, os casos não resolvidos, as facilidades das fugas aliadas ao temor da população que se sente à mercê dos assassinos, cria entre mulheres e homens a certeza da ausência de proteção por parte da Justiça e dos instrumentos policiais. Nestes casos, mais uma vez é dificultada a identificação dos criminosos e a elucidação do crime. Os processos continuam abertos ou são arquivados. Resulta vasta impunidade, que aumenta o temor da população e o descrédito na Polícia e no Judiciário.

7.
CONCLUSÕES

Ciúmes, dominação e relações de poder, disfarçados em amor, pretendem justificar os comportamentos fatais. Vimos as variadas manifestações da cultura da violência que envolve as relações sociais de gênero. Uma cultura aprendida e reproduzida na sociedade brasileira, em todas as classes sociais, em todos os grupos étnicos e geracionais em que as pessoas de sexo feminino são alvo constante. O problema, como vimos, não é apenas brasileiro e se apresenta em outras culturas, em países avançados ou não.

É claro que não estou generalizando no sentido de que todas as pessoas — homens e mulheres — são agressores ou agredidas. O que os dados mostram é que nenhum grupo social pode ser excluído, pois apresentam pessoas que praticam e são objeto de violência física, moral, sexual e psicológica. Isto significa dizer que pessoas de diferentes profissões podem praticar violência doméstica ou outras formas de violência, e julgam os demais de forma semelhante.[71]

---

[71] Tentei ver, por exemplo, as sentenças e os argumentos usados por Juízes, Promotores e advogados de Defesa. Um motivo de ordem prática impediu a operacionalização das variáveis para responder a estas questões: durante um processo ocorrem várias mudanças dos/as Promotores de Justiça, da Defesa (públicos ou privados) e dos Juízes. Por exemplo, no começo de um processo criminal, a acusação fica a cargo de um Promotor de Justiça que poderá ser substituído por outro ou outra. O mesmo ocorre com os/as Defensores/as e até mesmo com os/as Juízes/as. Esta variação impede uma avaliação precisa da influência da condição de gênero. Contudo, observou-se que é antes a posição ideológica do profissional que o leva à escolha de argumentos e a apenar.

Conclusões

Nas entrevistas com Juízes, observei que alguns deles opinam que o Fórum onde atuam condena mais do que outros. Acreditam que isto se dê em decorrência da composição socioeconômica da região abrangida pelo respectivo Fórum; que nos distritos onde prevalece uma população de menor renda a tendência seria condenar mais. Ao contrário, os jurados seriam mais brandos em regiões onde prevalece uma população mais rica. Embora não tivesse sido possível fazer uma análise quantitativa desta hipótese, tendo a crer que no caso da violência contra as mulheres não há esta diferença: todos os Júris condenaram os assassinos. Maiores comprovações ficam para uma outra pesquisa.

Tentei traçar a composição socioeconômica e o sexo dos componentes do Júri, mas a ausência de uma informação sistemática sobre eles em todos os processos criminais prejudicou a correlação com os resultados dos julgamentos. No entanto, uma observação não sistemática indica a ausência de correlação entre a condição de sexo e a condenação ou absolvição dos réus. Além disso, a composição do Júri é bastante variada, incluindo pessoas de ambos os sexos, de variadas profissões e de diferente posição socioeconômica.

Embora o movimento feminista contemporâneo tenha, desde os anos 70, denunciado a violência que atinge física, psicológica e moralmente a mulher, o comportamento violento não parece ter diminuído. Vidas de mulheres e de seus filhos e filhas são destruídas pela constante agressão que ocorre no interior da casa. Contudo, a denominação "violência doméstica" é insuficiente para abarcar todas as formas de violência e de homicídio de mulheres por homens com quem se relacionam afetivamente.

Constatamos, através dos dados aqui analisados, que a violação não se limita ao espaço físico da casa, mas ocorre na rua, no local de trabalho, em áreas de lazer, em todos os lugares em que a mulher exerce suas atividades cotidianas.

Em vários países, se recomenda o rompimento de uma relação afetiva para evitar a crescente e recorrente agressão. Mas, como vimos, isto não é suficiente aqui.

A violência contra a mulher está enraizada na cultura brasileira. É esta que precisa ser alterada. As denúncias vêm de mais de um século. No começo do século XX, elas foram conduzidas por escritoras, jornalistas, intelectuais e feministas que dispunham de meios como jornais e livros. Depois de um interregno entre as décadas de 1930 e 1960, retomam-se as denúncias, agora exigindo que os homens fossem punidos pela agressão e pelos numerosos assassinatos de mulheres. Foram feitas passeatas e manifestações em frente aos Tribunais, foram escritos panfletos e transmitidas entrevistas pelo rádio e pela televisão.

Progressivamente, as denúncias foram sendo incorporadas por instituições públicas como os Conselhos da Mulher, em nível municipal, estadual e federal. Em decorrência foram criadas as Delegacias de Defesa da Mulher, instrumento com o qual se imaginava ser possível enfrentar tão grave problema. É curioso como as Delegacias logo se tornaram objeto de estudo nas universidades, através de teses de mestrado e doutorado, que, na maior parte das vezes, não abordavam os aspectos culturais e políticos da sociedade que as envolviam. Estas importantes ferramentas passaram a ser analisadas sem se levar em conta os limites estruturais de uma Delegacia de Polícia.

Além de registrar uma ocorrência, fazer um Boletim, convocar um agressor e proteger as mulheres com risco de vida, uma Delegacia de Polícia nada mais pode fazer. Alguns movimentos feministas e sobretudo a população que acorre às Delegacias da Mulher tinham e têm enormes expectativas. As delegadas não são psicólogas ou assistentes sociais. Não podiam, até recentemente, nem ao menos registrar homicídios.

A questão da violência contra a mulher tem sido objeto de reuniões de nível nacional e internacional. Países assinaram tratados com a ONU e a Convenção de Belém do Pará. Mais recentemente, empresas privadas adotaram o problema publicando livrinhos para orientar seu público interno. Livros, folhetos e cartazes somam-se às centenas. ONGs e instituições oficiais criaram inserções para a televisão com mensagens nem sempre muito claras. O dia 25 de novembro foi instituído para uma mobilização internacional pela não-violência contra as mulheres. Uma organização masculina, o Laço Branco, foi criada, e é muito atuante em Pernambuco. Trabalham com a questão da masculinidade e da não-violência contra a mulher.

Apela-se para que o Poder Legislativo promulgue leis mais severas. Finalmente, no ano de 2005, a Lei 9.099 foi alterada pela Lei Maria da Penha, que prevê uma pena nada severa para os agressores (Anexos 2 e 3). Apesar de tudo isso, o problema continua grave. As novas gerações enfrentam o velho problema da violência e do assassinato de mulheres.

Os instrumentos de denúncia até agora utilizados tiveram o mérito de *dar visibilidade* ao problema da violência contra a mulher, o que ficou aqui confirmado especialmente na análise da imprensa escrita. O segredo da violência é desvendado cada vez mais para o conhecimento público. A imprensa, que anteriormente tinha uma posição de desconfiança para com a mulher, enfatizando por vezes que ela era a culpada da violência e da própria morte, progressivamente foi se modificando, tornando-se investigativa e abandonando os antigos prejulgamentos que condenavam a vítima.

Na passagem do século XX para o XXI, divulgaram-se outras formas de violência que atingem a mulher e que foram aqui apontadas através da análise dos meios de comunicação, dos Boletins de Ocorrência e dos processos criminais: a violência fatal nas ruas, nas relações de trabalho, na disputa política, nas cotidianas relações de vizinhança, no uso e comércio de drogas, no trânsito. *A violência de ordem afetiva extrapola o espaço da casa e ocorre em todo e qualquer espaço em que a mulher esteja.*

Verificamos que as balas perdidas, as mortes decorrentes das drogas e os assaltos somam juntos 26%, superando os assassinatos decorrentes da violência entre homens e mulheres que têm ou tiveram alguma relação afetiva (17%).

A vida cotidiana é permanentemente atravessada pela violência. Poderíamos apontar fatores que favorecem o crime, tais como: os problemas econômicos, a ausência de serviços mínimos de saúde física e mental que deveriam ser providenciados pelo Estado e, sobretudo, o machismo cultural que considera a mulher uma propriedade do homem. Tudo junto provoca no cidadão e na cidadã o sentimento de que está abandonado e que se quiser justiça deve fazê-la com as próprias mãos.

Desta cultura de violência não escapam as mulheres: agridem filhos, filhas ou companheiros. São guiadas por padrões de educação baseados na agressão. Há também as que matam filhos recém-nascidos ou crianças por inúmeras razões, desde problemas econômicos, abandono pelo companheiro, ódio, reações emocionais descontroladas.

Em todas as camadas da população encontramos comportamentos semelhantes: pessoas que não acreditam nas instituições e compartilham de uma cultura da violência, agindo com as próprias mãos.

Através dos BOs, delineia-se a primeira fase da ação da Justiça. Constatamos como a atuação policial enfrenta os assassinatos de mulheres com muitas dificuldades de ordem administrativa e burocrática. Os cuidados mínimos de resguardo do local do crime deixam a desejar, comprometendo a apuração dos fatos.

É urgente reorganizar e aperfeiçoar o serviço prestado pelo Instituto Médico Legal (IML).

O Judiciário mobiliza seus parcos recursos, por exemplo, na localização dos acusados e réus. Embora exista, do ponto de vista da sociedade, a imagem de que o Judiciário é extremamente lento, não foi isso o que constatamos. Ele age com relativa rapidez, levando cerca de dois anos para concluir todo um processo judicial. O problema está na enorme evasão dos acusados: cerca de 50%, os quais evidentemente ficam soltos, o que é entendido pela população como inação do Judiciário. Somam-se à evasão os recursos jurídicos utilizados por advogados hábeis para prolongar o tempo de julgamento, sobretudo em casos de assassinos da camada economicamente mais alta, interpretados pelo público como favorecimento aos ricos.

Conclusões

A visão da sociedade ficou clara através da condenação, pelo Júri, de todos os casos de assassinos de mulheres que chegaram a julgamento.

A violência contra a mulher é produzida e reproduzida socialmente. As relações sociais de gênero continuam hierarquizadas, correspondendo à população masculina o exercício da dominação pela força física ou psicológica. Meninos e meninas aprendem com o que presenciam em suas casas, incorporando um modelo de violência e subordinação que é reforçado por meios de comunicação como a televisão.

No campo do trabalho, os novos setores produtivos excluem as mulheres através de vários mecanismos sobejamente estudados na literatura sobre as relações de trabalho, os quais continuam relegando as mesmas a postos de menor remuneração e, muitas vezes, sujeitas ao assédio sexual.

No campo do ensino e das carreiras profissionais, nos deparamos claramente com a reprodução da tradicional divisão sexual do trabalho em que mulheres ocupam os nichos profissionais femininos bem menos remunerados.

Nos novos desenhos urbanos não se percebe a preocupação em construir ruas, passagens e pontes que garantam a segurança da mulher contra a violência sexual, que é muitas vezes seguida de morte.

São muito recentes e incipientes os programas de saúde que se voltam para a questão da vida das mulheres. Nos casos de violência extrema, desde 2005 alguns hospitais têm oferecido atendimento incluindo laudos da violência sexual às Delegacias de Polícia.

Em todas as circunstâncias apontadas, as ações são tomadas incorporando as relações de dominação/subordinação de homens sobre mulheres, aprofundando as já tensas desigualdades.

Estudos médicos, psicológicos e raciais procuram, assim como os estudos sociológicos, uma compreensão da violência de gênero e das raízes do comportamento agressivo, e formas de alterá-los. Os estudos e a prática das várias organizações não governamentais (ONGs) feministas que atendiam mulheres agredidas se questionavam: Por que a mulher se sujeitava a viver, por anos, junto ao agressor? Por que ela aceitava "passivamente" a violência física, psicológica e moral exercida pelo companheiro? E por que não denunciava os abusos sexuais contra meninas, eventualmente suas filhas? Para Almeida (1999: 12-3), a violência constante dentro de casa cria um *"clima de terror"*. São cometidos *"pequenos assassinatos"* contra a mulher e sua família cotidianamente.

Resolver uma situação de agressão implica enfrentar ilusões e temores. Difícil superar as juras de arrependimento do agressor, na esperança de uma real transformação, ilusão logo desmentida pela realidade do dia seguinte: a mulher se depara com reais dificuldades financeiras e o medo de não conseguir a sobrevivência e a manutenção dos filhos, além do terror de ficar ao desabrigo. Este quadro paralisa a reação e garante a reprodução de uma rotina de violência suportada por anos, que pode levar à sua morte.

A mulher submetida a tais violências se sente "culpada" por não conseguir ter um relacionamento harmonioso e, como explica Almeida, ela aprende a não reagir, torna-se passiva. É o *"desamparo aprendido"* (no feliz conceito elaborado por Lenore Walker, citado por Almeida). Submetida a todas estas pressões, a mulher se torna depressiva, ansiosa, sente-se fisicamente mal. Procura solucionar o "seu" problema através da medicação. Não há remédio para curar um problema cultural, político e social. Nossos dados confirmam abundantemente suas conclusões.

A introdução da temática da violência pelos estudos médicos, após a década de 1990, trouxe uma importante mudança qualitativa. Somaram-se aos estudos realizados pelas ciências humanas e por grupos ativistas, com outras perspectivas e indagações. Aprofundaram-se os estudos sobre os direitos reprodutivos graças a um intenso financiamento de entidades privadas estrangeiras. Perguntas se colocavam aos próprios profissionais: Como enfrentar nos hospitais, pronto-socorros e nos postos de saúde, questões como o aborto provocado, incesto, estupro, agressões

Conclusões

físicas, psicológicas e morais? O que se sabia sobre a sexualidade humana? E o que se sabia sobre a sexualidade feminina?

Constatou-se que os profissionais da saúde estavam despreparados. Faltava-lhes orientação, conhecimento e parâmetros para ação. Casaram-se as demandas dos movimentos feministas e a experiência da área da saúde, resultando na elaboração de normas técnicas para o atendimento de mulheres estupradas, evitando que engravidassem ou se contaminassem com doenças sexualmente transmissíveis. Contudo, entre o que está escrito e a ação há uma grande distância. Os novos conhecimentos não chegaram a todos, e os profissionais temiam se envolver com denúncias que os afetassem legalmente, provocando problemas para suas carreiras profissionais (Lerner, 2000: 15-6).

Talvez a AIDS tenha sido um triste fator a impulsionar medidas sanitárias que tocavam, paralelamente, às questões da sexualidade (Hlastshwayo, 2000). O belo trabalho de Adriana Gomes, *Sin cuerpo no hay ciudadania*, sobre o *Tribunal de las Mujeres por los Derechos Sexuales*, mostra claramente o vínculo entre a violência e o controle da sexualidade feminina. Vínculo este que Drezett (2000) encontra em várias partes do mundo, em que a violência contra a mulher, particularmente o abuso sexual, é uma forma de poder sobre a sexualidade feminina. A agressão, neste sentido, tem uma conotação de controle e "socialização" da mulher como categoria subordinada.

Agressão, controle e poder que, levados às últimas conseqüências, resultam no assassinato de mulheres.

A atuação de vários grupos na área da saúde levou à criação de uma Rede Nacional Feminista de Saúde e Direitos Reprodutivos, importante organismo de suporte às ações locais e nacionais que publica o *Jornal da Rede de Saúde* para divulgar pesquisas, experiências, e é fonte de inspiração para novas ações.

A temática da violência contra a mulher incorpora outras dimensões, como mostra Suely Carneiro em *Racismo: é muito pior do que parece* (1999). Para a autora, discutir as dimensões culturais e os preconceitos que determinam a violação dos Direitos Humanos das mulheres inclui, fundamentalmente, a dimensão racial. Ela considera que a "coisificação" do negro em geral, e da mulher negra em particular, ilustra uma situação típica de conquista e dominação de um grupo sobre o outro. O chamado "estupro colonial" está na origem da construção das identidades nacionais, da ideologia da "democracia racial" pela mestiçagem, e das hierarquias de gênero e raça da sociedade brasileira. O estereótipo de que as mulheres negras são dotadas de uma espécie de "superexcitação genética" deriva do assédio e abuso sexual das mucamas no tempo escravocrata, e se atualiza hoje, particularmente, com relação às empregadas domésticas.

Um exame dos exemplares de 2000 do *Jornal da Rede* revela a diversificada introdução de novos profissionais e pesquisas sobre a violência e as relações sociais de gênero. Em *O direito de tratar da dor*, Fernanda Pompeu (2000: 2-3) analisa a prevenção médica à violência sexual atualmente aplicada em alguns hospitais e especialmente no Hospital Escola São Paulo. Este, sendo um local de formação, deve favorecer uma nova mentalidade entre os profissionais da saúde.

A destruição provocada pela agressão emocional cotidiana deixa seqüelas cujas conseqüências físicas e psíquicas são dificilmente visíveis, como no caso das lesões corporais. Para Wilza Villela (2000), "o mesmo movimento que 'inventou' o amor ocidental tratou do controle da sexualidade e da capacidade reprodutiva das mulheres". Assim, se constroem as identidades de gênero estruturando a subjetividade masculina e feminina, atribuindo aos homens "comportamentos agressivos, ativos e objetivos, tanto no imaginário pessoal como coletivo", e às mulheres condutas emocionais e passivas. Diante das "vivências psíquicas violentas", os homens reagem com "agressão e as mulheres, com depressão". Portadoras destas síndromes procuram postos de saúde, médicos particulares e hospitais para solucionar um problema cuja raiz não é física.

Schraiber e Oliveira (1999), pesquisadoras e professoras do Departamento de Medicina Preventiva da Faculdade de Medici-

Conclusões

221

na da Universidade de São Paulo, desenvolveram vasta pesquisa sobre saúde e violência contra as mulheres, cujos resultados parciais foram apresentados sob o apropriado título "Epidemia da violência". Ao analisar o progressivo aumento de mulheres infectadas pelo vírus da AIDS, a chamada "feminização" da epidemia, as pesquisadoras afirmam que esta contaminação está ligada à violência sobre a mulher.

Estes trabalhos fortalecem uma demanda para que a esfera pública atue para a segurança dentro do lar e enfatizam que "O campo da saúde não pode dar conta, por si só, da complexidade do mundo da cultura". Medicalizar não é suficiente. É necessário um tratamento multidisciplinar do problema, um tratamento psicoterapêutico e preventivo.

Nolasco (1999), muito corretamente, chama a atenção para o fato de que os homens não tem sido focalizados nos estudos sobre violência contra a mulher e as crianças. Ele atribui ao decréscimo do patriarcado a violência masculina. Os ideais de masculinidade ainda são "virilidade, conquista e sucesso"; daí um comportamento heteroagressivo que desencadeia, além da violência doméstica, homicídios e criminalidade.

Há uma convergência entre todos os resultados. A raiz do problema se encontra — deve-se insistir — numa *cultura da violência contra a mulher* inscrita em nossa história (e não só na nossa).

Para enfrentar esta cultura machista e patriarcal, são necessárias *políticas públicas transversais* que atuem modificando a discriminação, demonstrando que *os Direitos das Mulheres são Direitos Humanos*. Modificar a cultura da subordinação nas relações sociais de gênero requer uma ação *conjugada e transversal*. Ao Estado, é fundamental estabelecer uma *articulação planejada* entre os programas desenhados para *todos* os Ministérios, desde Educação, Justiça, Saúde, Planejamento, Economia, Trabalho, e demais ministérios. A desarticulação dos programas os debilita e os torna ineficientes.

Exemplo desta desarticulação está na proposta tão freqüente de criação de mais Delegacias de Defesa da Mulher, instrumento muito importante, mas que, isolado, pouco pode fazer. As DDMs, além de adequada estruturação de seus equipamentos, devem estar realmente articuladas às diretrizes das Secretarias de Seguranças, da Justiça, da Educação e demais órgãos do governo estadual e federal. O pessoal desta importante instituição precisa ser treinado permanentemente, pois as Delegacias pouco podem fazer se não estiverem inseridas em um programa de transformação da cultura da força e da violência contra a mulher.

Nos programas escolares, desde o ensino fundamental até o curso universitário, é necessário incluir a dimensão gênero para mostrar como a hierarquia existente na cultura brasileira de subordinação da mulher ao homem traz desequilíbrios econômicos, familiares, emocionais e incrementa a violência. Para a orientação dos e das professores/as, o NEMGE fez um dos raros guias para uma educação não-sexista (NEMGE, 2006). A escola não pode ficar isolada de um processo amplo de transformação que busque alcançar a eqüidade de gênero. O que pode fazer uma professora, de qualquer nível da estrutura educacional, se ela própria é violentada? O que pode ensinar um professor isolado? O que pode fazer a escola se estiver desligada de um processo de transformação cultural?

Políticas públicas transversais visando ao mesmo objetivo — a eqüidade entre homens e mulheres — constitui um caminho para alterar a violência em geral e a violência contra as mulheres em particular.

O planejamento de políticas públicas só funcionará com a total participação da sociedade civil, que já está alerta a respeito da violência contra a mulher.

Conclusões

Anexo 1
PLANO AMOSTRAL DOS PROCESSOS

O plano amostral, para o qual contamos com a excelente colaboração da estatística Maria Paula Ferreira, foi assim descrito:

"O universo da pesquisa corresponde aos processos de homicídio onde a vítima é identificada como sendo do sexo feminino. Foram excluídos do universo os processos cuja vítima era mulher mas que haviam sido arquivados. Também foram desconsiderados os processos com nomes de difícil identificação ou sem nomes. O Quadro 1 apresenta uma breve descrição do universo.

O tamanho da amostra foi definido levando-se em consideração a dificuldade de obtenção dos processos que não estão em meio eletrônico, mas sim em papel, sendo que o acesso ao mesmo depende dos funcionários do Cartório.

Também se considerou o tempo e o pessoal (dois bolsistas mais a responsável pelo projeto) disponível. Assim, chegou-se a um tamanho inicial de 100 processos a serem amostrados no total deste tipo de processo. Aplicando a fórmula para correção em populações finitas, tem-se 75 como o tamanho de amostra para planejamento:

$$n = 100/(1 + (100/303)) = 75$$

Devido à necessidade de analisar os processos considerando-se o Tribunal de origem, foi descartada a alocação proporcional ao número de processos em cada Tribunal, já que aqueles com poucos processos estariam pouco representados na amostra para uma análise individualizada. Assim, considerou-se tamanhos iguais para as amostras em cada um dos Tribunais.

Foi considerada uma perda na coleta da ordem de 30%, obtendo-se assim um tamanho de amostra de 100 processos, sendo 20 em cada um dos Tribunais (Quadro 2). A forma de alocação da amostra exige que os cálculos feitos a partir da mesma sejam ponderados pelo inverso da fração amostral. Os processos foram escolhidos em cada um dos Tribunais por meio de um sorteio aleatório. Os processos sorteados para todos os tribunais estão apresentados na planilha sorteio 0302.xls."

Quadro 1
HOMICÍDIOS SEGUNDO SEXO EM TRIBUNAIS DO JÚRI
DO MUNICÍPIO DE SÃO PAULO EM 1997

	Total	1º TJ[1]	2º TJ	3º TJ[2]	4º TJ[3]	5º TJ[4]
Total	8.805	3.719	1.451	1.631	1.197	807
%	100,0	42,2	16,5	18,5	13,6	9,2
Processos com vítimas mulheres identificadas pelo nome	389	162	54	80	62	31
%	100,0	41,7	13,9	20,5	15,9	8,0
Número de processos arquivados com nomes de vítimas mulheres	86	44	10	32	0	0

[1] O dado apresentado anteriormente (374) não coincide com o número de processos com nomes de vítimas mulheres. Foi utilizado o total de processos com os nomes identificados.

[2] O dado apresentado anteriormente (132) não coincide com o número de processos com nomes de vítimas mulheres. Foi utilizado o total de processos com os nomes identificados.

[3] O dado apresentado anteriormente (194) não coincide com o número de processos com nomes de vítimas mulheres. Foi utilizado o total de processos com os nomes identificados.

[4] O dado apresentado anteriormente (95) não coincide com o número de processos com nomes de vítimas mulheres. Foi utilizado o total de processos com os nomes identificados.

Quadro 2
INQUÉRITOS NÃO ARQUIVADOS
COM VÍTIMAS MULHERES EM TRIBUNAIS DO JÚRI
DO MUNICÍPIO DE SÃO PAULO EM 1997

	Total	1º TJ	2º TJ	3º TJ	4º TJ	5º TJ
Total de processos (exclusive os arquivados)	8.347	3.560	1.405	1.514	1.100	768
Total de processos com vítimas mulheres (exclusive os arquivados)	303	118	44	48	62	31
Tamanho final da amostra	100	20	20	20	20	20
Fração amostral	–	1/6	1/2	–	1/3	–
Peso	–	6	2	2	3	2

Plano amostral dos processos

Anexo 2
SEVERINA E A LEI 9.099[1]

O CRIME

Severina foi assassinada a tiros. Ela fora à Delegacia de Defesa da Mulher porque estava sendo ameaçada por Judivan da Costa Oliveira. Assinou um "Termo Circunstanciado de Ocorrência Policial" contra ele. Era dia 20 de fevereiro de 1997. Quatro dias depois, em 24 de fevereiro, Severina foi morta por Judivan. O termo ainda estava junto ao corpo.

AS DELEGACIAS DE DEFESA DA MULHER

Durante muitos períodos da história brasileira, as mulheres se rebelaram contra a violência a que eram submetidas (Besse, 1999; Blay, 2002). Na etapa contemporânea, desde pelo menos a década de 1970, o movimento feminista manifestou-se publicamente contra a violência a que mulheres eram permanentemente submetidas, especialmente por parte de seus maridos, companheiros, namorados e noivos, ou ex-maridos, ex-companheiros, ex-namorados e ex-noivos. Denunciavam a violência física, psicológica, os assassinatos, os estupros, o incesto e muitas outras cruéis relações. Todas antes ocultadas em nome da preservação da família ou por vergonha de serem expostas publicamente.

Denúncias e manifestações públicas se tornaram incisivas e levaram organismos do Estado a reagir. Em 1985 criou-se a pri-

---

[1] Texto apresentado no Seminário "Gênero e Cidadania", organizado pelo Pagu (Núcleo de Estudos de Gênero da Unicamp), Campinas, 16 a 18 de outubro de 2002.

meira Delegacia de Defesa da Mulher (DDM) no Estado de São Paulo, no Governo Montoro. Enorme repercussão ocorreu desde o primeiro dia de funcionamento, e um circo de horrores foi exposto aos olhos da população. Mulheres que se dirigiram à DDM traziam as marcas da violência no corpo quebrado, no rosto marcado. A imprensa exibiu fartamente o horrível efeito causado por fogo, ferro em brasa, ácido, pauladas, socos e demais inimagináveis instrumentos de tortura e agressão usado contra mulheres e crianças.

O sucesso da primeira DDM levou à instalação destas delegacias especializadas em várias cidades do Brasil. A experiência foi bem-sucedida, reconhecida sobretudo pelas vítimas.

Numa sociedade machista, a criação de um instrumento de defesa da mulher violentada mostrou ser um esforço necessário para superar o estigma contra as policiais que se dedicavam às DDM. O pressuposto era de que as agressões contra mulheres constituísse um insignificante capítulo na violência em geral e dedicar-se a este trabalho fosse algo menor: desqualificava-se a violência contra as vítimas mulheres estendendo-se o estigma ao trabalho das DDMs. Foi necessário um grande esforço de conscientização junto às Delegacias em geral para demonstrar a fundamental importância desta nova forma de repressão policial. Além disso, era necessária uma permanente qualificação do pessoal da Secretaria de Segurança para sensibilizá-los para o problema da violência contra a mulher.

O JUDICIÁRIO

Somando-se ao necessário aperfeiçoamento das DDMs, como aliás deve ocorrer com qualquer serviço, sobressaía um outro problema: a morosidade do Judiciário para tratar da violência contra a mulher.

Em 26 de setembro de 1995, foi promulgada a Lei 9.099, para agilizar o atendimento a causas de "menor complexidade" (artigo 3º), nos casos cíveis, e de "infrações penais de menor potencial ofensivo", nos casos criminais. A menor complexidade é definida como "causas cujo valor não exceda a quarenta vezes o salário mínimo" (artigo 3°, inciso I). O menor potencial ofensivo é definido como "as contravenções penais e os crimes a que a lei comine com pena máxima não superior a um ano" (artigo 61) e pode ter como pena a "multa" (artigo 76, parágrafo 4°, inciso III). Esta legislação busca primordialmente a "conciliação" (artigo 60), "a reparação dos danos sofridos pela vítima e a aplicação de pena não privativa de liberdade" (artigo 62). Não me estenderei no exame desta Lei, que é bastante eficiente em casos como aluguéis atrasados, problemas de trânsito etc.

Mas o grave problema resultante da Lei 9.099 é que as queixas que chegam às DDMs passaram a ser basicamente incluídas no âmbito da Lei 9.099, pois são de "pequeno vulto". Agressões, olhos roxos de socos e pancadas, ameaças contra a vida de companheiras ou ex-companheiras, tudo entrou numa vala comum do "pequeno potencial ofensivo", tratadas como questões que poderiam ser fácil e rapidamente resolvidas. Levadas aos Juizados Criminais, muitos Juízes buscam a conciliação ou atribuem um pena pagável com uma cesta básica, uma palavra de arrependimento, um maço de flores... Mais uma vez desqualificava-se a denúncia feita pela agredida e se atenua a responsabilidade do agressor que, aliás, cumprida a pena, nada mais constará de seu prontuário.

A SAGA DE SEVERINA

Na DDM, Severina, que tinha 28 anos, contou que vivera com Judivan cerca de dois meses. Quis separar-se dele mas, como em inúmeros casos, ele não aceitou e passou a persegui-la. "*Se você quiser viver, tem de ser minha, se não ficar comigo não fica com ninguém.*" Severina e sua amiga Marilene Hortênsia, também ameaçada por Judivan, contaram na Delegacia de Defesa da Mulher da Freguesia do Ó que ele as perseguia quando iam ao trabalho: "*Se você quer bagaceira, é isso que você vai ter; a partir de hoje você vai ver o que eu vou fazer, se eu pegar você junto com a neguinha safada, mato as duas juntas*".

Ao recorrer à Delegacia de Defesa da Mulher, Severina foi informada que desde 1995 existia a Lei 9.099, e que ela deveria formalizar representação contra Judivan para "apuração do delito" junto ao Fórum Regional de Pequenas Causas Criminais. Em vez do antigo procedimento, em que a Delegada chamava o agressor, ela, agora, não mais podia tomar uma providência imediata, chamando o potencial assassino. Severina assinou então o compromisso de se apresentar ao Juizado Especial Criminal da Lapa dentro de alguns dias.

Não deu tempo. Quatro dias depois, ela foi assassinada.

Por quê? Por que a violência contra a mulher passou a ser considerada uma causa de "menor potencial ofensivo"? Por que ameaças de morte contra uma mulher é uma causa menor? Por que a Lei considera que apenas quando a mulher fica impossibilitada de trabalhar por 30 dias ou mais se configura uma verdadeira agressão? Por que não se levam a sério ameaças com facas, pauladas, esganadura, murros, pontapés, destruição dos objetos da casa, ameaças contra os/as filhos/as, fogo? Quem decide que o preço desta agressão é de cerca de 8 mil reais?

Embora a intenção do legislador tenha sido a de agilizar o julgamento destas agressões, através da Lei 9.099, ela acabou por fortalecer o velho preconceito de que estas queixas não podem ser levadas a sério. Argumenta-se que a mulher acaba retirando a queixa contra seu companheiro e se ignora que a vítima simplesmente não tem onde morar, onde abrigar os filhos, como subsistir, além de ter justificado medo da reação do agressor.

Para evitar outras Severinas é preciso excluir a violência contra a mulher do âmbito da Lei 9.099.

Anexo 3
LEI MARIA DA PENHA (LEI 11.340/06)

Esta Lei veio para superar as deficiências da Lei 9.099. Nota da Secretaria Especial de Políticas para as Mulheres (SPM) informa que toda violência doméstica contra a mulher é crime e deve ser registrada, gerando um inquérito policial. Este será remetido ao Ministério Público. O Julgamento será realizado nos Juizados Especializados de Violência Doméstica e Familiar Contra a Mulher.

Há grande expectativa de que esta Lei venha, de fato, limitar a violência contra a mulher. Um importante efeito ela já provocou: colocou em grande evidência a questão.

ÍNDICE DE TABELAS

Quadro 1.1
Taxa de mortalidade do grupo etário
de 10 a 49 anos de idade
segundo sexo no Estado de São Paulo 26

Quadro 3.1
Motivos alegados para a tentativa ou homicídio
conforme jornais 82

Quadro 3.2
Idade das vítimas conforme jornais 85

Quadro 3.3
Idade dos/as agressores/as segundo o sexo conforme jornais 88

Quadro 3.4
Relação da vítima com o agressor conforme jornais 89

Quadro 3.5
Estado civil dos/as agressores/as conforme jornais 90

Quadro 3.6
Estado civil das vítimas conforme jornais 91

Quadro 3.7
As vítimas tinham filhos/as? conforme jornais 91

Quadro 3.8
Grupos de atividade econômica das vítimas
conforme jornais 92

Quadro 3.9
Armas utilizadas conforme jornais 93

Quadro 3.10
Local do crime conforme jornais 94

Índice de tabelas

Quadro 3.11
Dia da semana em que o crime foi cometido conforme jornais   95

Quadro 3.12
Horário do crime conforme jornais   95

Quadro BO-1
Sexo de vítimas e agressores/as
em casos de tentativa e homicídio consumado
nos BOs do Município de São Paulo em 1998   100

Quadro BO-2
Identificação do sexo de vítimas e agressores/as
nas tentativas e homicídios consumados
nos BOs do Município de São Paulo em 1998   102

Quadro BO-3
Vítimas mulheres segundo a cor e tipo de ocorrência
nos BOs do Município de São Paulo em 1998   103

Quadro BO-4
Escolaridade das mulheres vítimas
nos BOs do Município de São Paulo em 1998   104

Quadro BO-5
Condição de trabalho remunerado das vítimas
nos BOs do Município de São Paulo em 1998   104

Quadro BO-6
Idade dos agressores segundo o sexo
nos BOs do Município de São Paulo em 1998   105

Quadro BO-7
Mulheres vítimas segundo relação com o/a agressor/a
nos BOs do Município de São Paulo em 1998
(números absolutos)   107

Quadro BO-8
Dados agrupados segundo relação com o agressor
nos BOs do Município de São Paulo em 1998   108

Quadro BO-9
Instrumentos utilizados para a agressão
nos BOs do Município de São Paulo em 1998   109

Quadro PC-1
Idade dos réus (%)   114

Quadro PC-2
Cor dos réus (%) 114

Quadro PC-3
Grau de instrução dos réus (%) 115

Quadro PC-4
Estado civil dos réus (%) 115

Quadro PC-5
Profissão dos réus (%) 116

Quadro PC-6
Estado de origem dos réus (%) 116

Quadro PC-7
Condição de moradia dos réus (%) 117

Quadro PC-8
Região de moradia dos réus (%) 117

Quadro PC-9
O réu tinha antecedentes criminais? (%) 118

Quadro PC-10
Idade das vítimas (%) 119

Quadro PC-11
Cor das vítimas (%) 119

Quadro PC-12
Grau de instrução das vítimas (%) 120

Quadro PC-13
Profissão das vítimas (%) 121

Quadro PC-14
Condição de moradia das vítimas (%) 121

Quadro PC-15
Região de moradia das vítimas (%) 122

Quadro PC-16
Estado de origem das vítimas (%) 123

Quadro PC-17
As vítimas tinham antecedentes criminais? (%) 123

Quadro PC-18
Relação entre vítima e réu (%) 125

Índice de tabelas   235

Quadro PC-19
Estado civil das vítimas (%) 126

Quadro PC-20
As vítimas tinham filhos/as? (%) 127

Quadro PC-21
Os filhos eram da relação da vítima com o réu? (%) 127

Quadro PC-22
As vítimas estavam grávidas? (%) 128

Quadro PC-23
Tempo de relação entre vítima e réu (%) 130

Quadro 6.1
Situação dos processos criminais (%) 135

Quadro 6.2
Tempo de duração dos processos criminais em anos (%) 136

Quadro 1 (Anexo 1)
Homicídios segundo sexo
em Tribunais do Júri do Município de São Paulo em 1997 226

Quadro 2 (Anexo 1)
Inquéritos não arquivados com vítimas mulheres
em Tribunais do Júri do Município de São Paulo em 1997 227

BIBLIOGRAFIA

ALMEIDA, Suely Souza de. "Efeitos devastadores". *Maria Maria*, Brasília, UNIFEM, ano 1, nº 0, pp. 12-3, 1999.

ALVES, José Augusto Lindgren. "O significado político da Conferência de Viena sobre os Direitos Humanos". *Revista dos Tribunais*, Brasília, 713/284 (3), 1995.

ARDAILLON, Danielle; DEBERT, Guita Grin. *Quando a vítima é mulher: análise de julgamentos de crimes de estupro, espancamento e homicídio*. Brasília: Conselho Nacional dos Direitos da Mulher/Centro de Estudos e Documentação Comunitária, dez. 1987.

ARILHA, Margareth; RIDENTI, Sandra G. Unbehaum; MEDRADO, Benedito (orgs.). *Homens e masculinidades: outras palavras*. São Paulo: ECOS/Editora 34, 1998.

AZEVEDO, Maria Amélia. *Mulheres espancadas: a violência denunciada*. São Paulo: Cortez, 1985.

BADINTER, Elisabeth. *L'Amour en plus: histoire de l'amour maternel, XVII-XX siècle*. Paris: Flammarion, 1980.

_____. *L'un est l'autre: des relations entre hommes et femmes*. Paris: Odile Jacob, 1986.

BANDEIRA, Lourdes Maria. "O que faz da vítima, vítima?". In: OLIVEIRA, Dijaci David; GERALDES, Elen Cristina; LIMA, Ricardo Barbosa (orgs.). *Primavera já partiu: retrato dos homicídios femininos no Brasil*. Brasília: Vozes/MNDH, 1998.

BARREIRA, César. *Crimes por encomenda: violência e pistolagem no cenário brasileiro*. Rio de Janeiro: Relume-Dumará, 1998.

BERQUÓ, Elza. "Perfil demográfico das chefias femininas no Brasil". In: BRUSCHINI, Cristina; UNBEHAUM, Sandra (orgs.). *Gênero, democracia e sociedade brasileira*. São Paulo: Editora 34, 2002, pp. 243-66.

BESSE, Susan K. *Modernizando a desigualdade: reestruturação da ideologia de gênero no Brasil, 1914-1940*. São Paulo: Edusp, 1999.

BLAY, Eva Alterman. "Adolescência: uma questão de classe social e de gênero". In: LEVISKY, David Leo (org.). *Adolescência e violência: conseqüências da realidade brasileira*. Porto Alegre: Artes Médicas, 1997.

_____. "Assassinadas e não assassinas". *Qualidade de Vida*, Piracicaba, ESALQ, ano 2, n° 17, pp. 1-14, out. 2000; *Jornal da USP*, São Paulo, 8-14 nov. 1999, pp. 13-4.

_____. *Sociedade civil, gênero e relações de poder*. In: Congresso sobre Representação de Interesses e Governabilidade: O Papel da Sociedade Civil na América Latina, Berlim, ILDES/Friedrich Ebert Stiftung, 29 a 31 de outubro, 1997.

_____. "Violência contra a mulher e políticas públicas". *Estudos Avançados*, São Paulo, v. 17, n° 49, pp. 87-98, dez. 2003.

BRASIL. Código Penal (1940). São Paulo: Revista dos Tribunais, 2000.

BRASILEIRO, Ana Maria (org.). *Las mujeres contra la violencia: rompiendo el silencio — reflexiones sobre América Latina y Caribe*. Nova York: UNIFEM, 1997.

BRUSCHINI, Cristina. "Gênero e trabalho no Brasil: novas conquistas ou persistência da discriminação? (Brasil, 1985/95)". In: ROCHA, Maria Isabel Baltar da (org.). *Trabalho e gênero: mudanças, permanências e desafios*. São Paulo: ABEP/NEPO/Unicamp/Cedeplar/UFMG/ Editora 34, 2000, pp. 13-58.

BRUSCHINI, Cristina; LOMBARDI, M. R. "Instruídas e trabalhadeiras: trabalho feminino no final do século XX". In: ARAÚJO, Ângela Maria Carneiro (org.). *Desafios da eqüidade* (n° especial dos *Cadernos Pagu*), Campinas: Pagu/Unicamp, n° 17-18, 2001/2002, pp. 157-96.

CARNEIRO, Sueli. "Racismo: é muito pior do que parece". *Maria Maria*, Brasília, UNIFEM, ano 1, n° 0, pp. 19-21, 1999.

CHENIAUX JUNIOR, Elie; CORRÊA, Anna Paula da Silva Fernandes. "Disforia pós-natal: uma revisão sistemática dos ensaios clínicos". *Femina*, v. 32, n° 10, pp. 885-8, nov.-dez. 2004.

CONY, Carlos Heitor. *Revista Fatos e Fotos — Gente*, Brasília, Bloch Editores, ano XVII, n° 948, 22 out. 1979.

COPELON, Rhonda. "El potencial y el desafío del enfoque de derechos humanos". *Cuadernos Mujeres Salud 1*, Santiago, Chile, Red de Salud de las Mujeres Latinoamericanas y del Caribe, p. 118, 1996.

CORRÊA, Mariza. *Morte em família: representações jurídicas de papéis sexuais*. Rio de Janeiro: Graal, 1983.

COSTA, Jurandir Freire. *Ordem médica e norma familiar*. Rio de Janeiro: Graal, 1983.

CRUZ, Eliane Bezerra da Silva; SIMÕES, Gláucia Lucena; FAISAL-CURY, Alexandre. "Rastreamento da depressão pós-parto em mulheres atendidas pelo Programa de Saúde da Família". *Revista Brasileira de Ginecologia e Obstetrícia*, Rio de Janeiro, v. 27, n° 4, pp. 181-8, abr. 2005.

DIJACI, David de Oliveira; LIMA, Ricardo Barbosa de. "Retratos da violência física e sexual contra o sexo feminino na cidade de Natal". In: OLIVEIRA, Dijaci David; GERALDES, Elen Cristina; LIMA, Ricardo Barbosa (orgs.). *Primavera já partiu: retrato dos homicídios femininos no Brasil*. Brasília: Vozes/MNDH, 1998.

DREZETT, Jefferson. "Aspectos biopsicossociais da violência sexual". *Jornal da Rede de Saúde*, São Paulo, Rede Nacional Feminista de Saúde e Direitos Reprodutivos, n° 22, pp. 9-12, nov. 2000.

ELUF, Luiza Nagib. *A paixão no banco dos réus: casos passionais célebres, de Pontes Visgueiro a Pimenta Neves*. 2° ed. São Paulo: Saraiva, 2003.

FEIGUIN, Dora *et al.* (orgs.). *Um retrato da violência contra a mulher (2.038 Boletins de Ocorrência)*. São Paulo: Fundação SEADE/Conselho Estadual da Condição Feminina, 1987.

GAWRYSZEWSKI, Vilma Pinheiro; JORGE, Maria Prado de Mello. "Mortalidade violenta no município de São Paulo nos últimos 40 anos". *Revista Brasileira de Epidemiologia*, São Paulo, v. 3, n° 1-3, pp. 50-69, 2000.

GAWRYSZEWSKI, Vilma Pinheiro; KOIZUMI, Maria Sumie; MELLO-JORGE, Maria Helena Prado. "As causas externas no Brasil no ano 2000: comparando a mortalidade e a morbidade". *Cadernos de Saúde Pública*, v. 20, n° 4, pp. 995-1.003, jul.-ago. 2004.

GÓMES, Adriana. "Violencia contra las mujeres: un ejercicio de poder". *Cuadernos Mujeres Salud 1*, Santiago, Chile, Red de Salud de las Mujeres Latinoamericanas y del Caribe, pp. 4-12, 1996.

GREGORI, Maria Filomena. *Cenas e queixas: um estudo sobre mulheres, relações violentas e a prática feminista*. Rio de Janeiro/São Paulo: Paz e Terra/ANPOCS, 1993.

GROSSI, Miriam Pilar; MINELLA, Luzinete Simões; LOSSO, Juliana Cavilha Mendes. *Gênero e violência: pesquisas acadêmicas brasileiras (1975-2005)*. Florianópolis: Editora Mulheres, 2006.

Bibliografia

HERMANN, Jacqueline Pitangui; BARSTED, Leila de Andrade Linhares. "O Judiciário e a violência contra a mulher: a ordem legal e a (des)ordem familiar". *Cadernos Cepia 2*, Rio de Janeiro, 1995.

HISTÓRIA de Copacabana (Parte 2). Disponível em: http://copacabana.com/copahis2.shtml, 2006.

HLASTSHWAYO, Zanele. "Sudáfrica: campaña por los derechos sexuales". *Cuadernos Mujeres Salud 5*, Santiago, Chile, Red de Salud de las Mujeres Latinoamericanas y del Caribe, pp. 114-8, 2000.

IZUMINO, Wania Pasinato. *Justiça e violência contra a mulher: o papel do sistema judiciário na solução dos conflitos de gênero*. São Paulo: Annablume/FAPESP, 1998.

_____. *Justiça para todos: os Juizados Especiais Criminais e a violência de gênero*. Tese (Doutorado em Sociologia), Faculdade de Filosofia, Letras e Ciências Humanas da Universidade de São Paulo (FFLCH-USP), São Paulo, 2003.

LEITE, Miriam Moreira. "Aspectos do segredo: Maria Lacerda Moura". In: FUKUI, Lia. *Segredos de família*. São Paulo: Annablume, 2002.

LERNER, Théo. "Tratamento em situações de abuso sexual com crianças e adolescentes". *Jornal da Redesaúde*, São Paulo, Rede Nacional Feminista de Saúde e Direitos Reprodutivos, nº 22, pp. 15-6, nov. 2000.

LÉVAY, Emeric. *História e Direito*. Tribunal de Justiça do Estado de São Paulo, Museu da Justiça. Disponível na internet no site: http://www.tj.sp.gov.br/museu/hisydir/hd010.

_____. *Nas arcadas: berço de sonho e cidadania*. São Paulo, 2003.

LINS E SILVA, Evandro. *A defesa tem a palavra*. 3ª ed. Rio de Janeiro: Aide Editora, 1991.

LYRA, Roberto. *O amor e a responsabilidade criminal*. São Paulo: Saraiva, 1932.

MARQUES DA SILVA, Marco Antonio (org.). *Tratado temático de processo penal*. São Paulo: Editora Juarez de Oliveira, 2002.

MASSUNO, Elizabeth. "Delegacia de Defesa da Mulher: uma resposta à violência de gênero". In: BLAY, Eva Alterman (org.). *Igualdade de oportunidades para as mulheres: um caminho em construção*. São Paulo: Humanitas, 2002.

_____. *Do local de crime no Direito Processual Penal*. Tese de Mestrado, Pontifícia Universidade Católica de São Paulo, São Paulo, 2004.

NEMGE. "Guia Ensino e Educação com Igualdade de Gênero na Infância e Adolescência".

NOLASCO, Sócrates. "O peso da cultura". *Maria Maria*, Brasília, UNIFEM, ano 1, nº 0, pp. 24-5, 1999.

PAVEZ, Graziela Acquaviva. "Expressões da violência: violência doméstica". In: D'OLIVEIRA, Ana Flávia P. L. (org.). *Curso de capacitação para o atendimento a mulheres em situação de violência*. São Paulo: FMUSP/Coletivo Feminista Sexualidade e Saúde, pp. 59-68, 1997.

POMPEU, Fernanda. "O direito de tratar da dor". *Jornal da Redesaúde*, São Paulo, Rede Nacional Feminista de Saúde e Direitos Reprodutivos, nº 22, pp. 3-5, nov. 2000.

PRADO, Danda. *Vida de mãe é assim mesmo?* São Paulo: Brasiliense, 1980.

RABINOWICZ, Leon. *O crime passional*. Trad. Fernando de Miranda. 2ª ed. Coimbra: Armênio Amado, 1961.

SAFFIOTI, Heleieth I. B. "A violência de gênero no Brasil atual". *Estudos Feministas*, Rio de Janeiro, ano 2, pp. 443-61, 2º sem. 1994.

SANTOS, Maria Fátima S. dos; MARTINS, Francisco C.; PASQUALI, Luiz. *Revista de Psiquiatria* (262) 53(4), pp. 227-34, jul.-ago. 2004.

SARA, M. A. Nelson. "Paradoxo e contradição nas Delegacias de Defesa da Mulher". *Comunicação & Política*, São Paulo, Centro Brasileiro de Estudos Latino-Americanos da USP, v. 1, nº 2, pp. 293-8, dez. 1994-mar. 1995.

SCHRAIBER, Lilia Blima; OLIVEIRA, Ana Flávia P. L. de. "Epidemia da violência". *Maria Maria*, Brasília, UNIFEM, ano 1, nº 0, pp. 14-5, 1999.

SCOTT, Joan Wallach. *Gender and the Politics of History*. Edição revista. Nova York: Columbia University Press, 1988.

SOARES, Barbara M. *Mulheres invisíveis: violência conjugal e as novas políticas de segurança*. Rio de Janeiro: Civilização Brasileira, 1999.

SOIHET, Rachel. "Mulheres pobres e violência no Brasil urbano". In: PRIORE, Mary Del; BASSANEZI, Carla. *História das mulheres no Brasil*. São Paulo: Contexto/Unesp, pp. 362-400, 2000.

UNIVERSITÀ DI MODENA E REGGIO EMILIA. Facoltà di Scienze della Comunicazione e della Economia — Sociologia dei Processi Culturali. "Movimento de Mulheres *Abra os Olhos Companheira*, Lajeado de Guaianazes, São Paulo" (pesquisa sociológica sobre a violência doméstica contra as mulheres), mimeo., s/d.

VILLELA, Wilza. "Mujeres y violencia cotidiana o... este amor me maltrata". *Cuadernos Mujeres Salud 5*, Santiago, Chile, Red de Salud de las Mujeres Latinoamericanas y del Caribe, pp. 45-8, 2000.

Bibliografia

JORNAIS E MUSEUS

O ESTADO DE S. PAULO [analisado sistematicamente desde 1985].

FOLHA DE S. PAULO [analisado sistematicamente desde 1985].

FOLHA DA MANHÃ, São Paulo, 1/10/1928.

ISTOÉ [leituras seletivas].

MARIE CLAIRE [leituras seletivas].

REVISTA VEJA [leituras seletivas].

MUSEU DA JUSTIÇA. Tribunal de Justiça do Estado de São Paulo.

MUSEU DO CRIME. Academia de Polícia de São Paulo.

VÍDEOS

GUTMAN, Eunice — diretora e produtora do documentário *Vida de mãe é assim mesmo*, 1982.

SOBRE A AUTORA

Eva Alterman Blay é professora titular de Sociologia da Faculdade de Filosofia, Letras e Ciências Humanas da Universidade de São Paulo e coordenadora científica do NEMGE (Núcleo de Estudos da Mulher e Relações Sociais de Gênero). Foi a primeira presidente do Conselho Estadual da Condição Feminina do Estado de São Paulo (1983-1985) — quando criou a primeira Delegacia de Defesa da Mulher —, assessora internacional da ONU junto aos Programas de Desenvolvimento da Mulher, em Viena (1992), e senadora da República entre novembro de 1992 e janeiro de 1995. Em 2005 foi uma das indicadas ao Prêmio Nobel da Paz dentro da iniciativa "1.000 mulheres para o Prêmio Nobel da Paz".

Além de artigos em coletâneas e periódicos no Brasil e no exterior, publicou, entre outros, os seguintes livros: *Trabalho domesticado: a mulher na indústria paulista* (1978), *A luta pelo espaço: textos de sociologia urbana* (1978), *As prefeitas: participação política da mulher no Brasil* (1981), *Mulher, escola e profissão: um estudo do ginásio industrial feminino na cidade de São Paulo* (1981), *Eu não tenho onde morar: vilas operárias na cidade de São Paulo* (1985), *Immigrazione europea e borghi operai a San Paolo* (Milão, 1987), *Gênero e universidade* (com Albertina de Oliveira Costa, 1992), *Oficina dos Direitos da Mulher: a mulher em busca de seus direitos* (com Mônica de Melo, 2001), *Igualdade de oportunidades para as mulheres: um caminho em construção* (2002) e *Mulheres na USP: horizontes que se abrem* (com Alice Beatriz da Silva Gordo Lang, 2004).

ESTE LIVRO FOI COMPOSTO EM SABON,
PELA BRACHER & MALTA, COM CTP E
IMPRESSÃO DA PROL EDITORA GRÁFICA
EM PAPEL PÓLEN SOFT 80 G/M² DA CIA.
SUZANO DE PAPEL E CELULOSE PARA A
EDITORA 34, EM MARÇO DE 2008.